LA QUESTIONE MERIDIONALE

Antonio Gramsci

Texte et illustration de couverture : © domaine public
Edition : Culturea (Hérault, 34)
Contact : infos@culturea.fr
Retrouvez notre catalogue sur http://culturea.fr
Imprimé en Allemagne par Books on Demand
Design typographique : Derek Murphy
Layout : Reedsy (https://reedsy.com/)

Dépôt légal : janvier 2023

ISBN : 9791041841677

Il Mezzogiorno e la guerra

La quarta guerra del Risorgimento italiano non pare debba avere per il Mezzogiorno conseguenze diverse da quella delle altre tre. Lo ha fatto notare A. Labriola alla Camera durante la discussione della politica economica del gabinetto Salandra, ma l'Agenzia Stefani ha trasmesso delle sue parole un riassunto generico e scolorito.
Già nel 1911 in una pubblicazione semiufficiale posta sotto il patronato dell'Accademia dei lincei, Francesco Coletti, un economista serio e poco amante dei paradossi, aveva fatto notare che l'unificazione delle regioni italiane sotto uno stesso regime accentratore aveva avuto per il Mezzogiorno conseguenze disastrose, e che la cecità dei governanti, dimentichi del programma economico cavouriano, aveva incrudito lo stato di cose dal quale originava la annosa e ormai cronica questione meridionale.
La nuova Italia aveva trovato in condizioni assolutamente antitetiche i due tronconi della penisola, meridionale e settentrionale, che si riunivano dopo piú di mille anni. L'invasione longobarda aveva spezzato definitivamente l'unità creata da Roma, e nel Settentrione i Comuni avevano dato un impulso speciale alla storia, mentre nel Mezzogiorno il regno degli Svevi, degli Angiò, di Spagna e dei Borboni ne avevano dato un altro. Da una parte la tradizione di una certa autonomia aveva creato una borghesia audace e piena di iniziative, ed esisteva una organizzazione economica simile a quella degli altri Stati d'Europa, propizia allo svolgersi ulteriore del capitalismo e dell'industria. Nell'altra le paterne amministrazioni di Spagna e dei Borboni nulla avevano creato: la borghesia non esisteva, l'agricoltura era primitiva e non bastava neppure a soddisfare il mercato locale; non strade, non porti, non utilizzazione delle poche acque che la regione, per la sua speciale conformazione geologica, possedeva.
L'unificazione pose in intimo contatto le due parti della penisola. L'accentramento bestiale ne confuse i bisogni e le necessità, e l'effetto fu l'emigrazione di ogni denaro liquido dal Mezzogiorno nel Settentrione per trovare maggiori e piú immediati utili nell'industria, e l'emigrazione degli uomini all'estero per trovare quel lavoro che veniva a mancare nel proprio paese. Il protezionismo industriale rialzava il costo della vita al contadino calabrese, senza che il protezionismo agrario, inutile per lui che produceva, e

non sempre neppure, solo quel poco che era necessario al suo consumo, riuscisse a ristabilire l'equilibrio. La politica estera degli ultimi trent'anni rese quasi sterili i benefici effetti dell'emigrazione. Le guerre eritree, quella di Libia, fecero emettere dei prestiti interni che assorbirono i risparmi degli emigrati. Si parla spesso di mancanza di iniziativa nei meridionali. È un'accusa ingiusta. Il fatto è che il capitale va a trovare sempre le forme piú sicure e piú redditizie di impiego, e che il governo ha con troppa insistenza offerto quella dei buoni quinquennali. Dove esiste già una fabbrica, questa continua a svilupparsi per il risparmio, ma dove ogni forma di capitalismo è incerta e aleatoria, il risparmio sudato e racimolato con gli stenti non si fida, e va ad investirsi dove trova subito un utile tangibile. Cosí il latifondo, che tendeva in qualche periodo a spezzettarsi naturalmente tra gli americani ritornati benestanti, rimarrà ancora per un pezzo la piaga dell'economia italiana, mentre le imprese industriali del Settentrione trovano nella guerra una fonte di profitti colossali, e tutta la potenzialità produttiva nazionale rivolta all'industria della guerra, si circoscrive sempre piú nel Piemonte, nella Lombardia, nell'Emilia, nella Liguria e fa illanguidire quel poco di vita che esisteva nelle regioni del Sud.
Il Labriola è stato l'unico che abbia prospettato alla Camera questo problema tremendo. Salandra gli ha risposto facendo delle promesse vaghe:
Il paese si va adattando, certo con sofferenza e con disagio, a quella che si chiama l'economia della guerra. Conseguenze gravi e dannose certamente ne deriveranno. L'on. Labriola ha accennato allo spostamento territoriale della ricchezza che deriva dal fatto che una parte del nostro paese, per condizioni naturali e per precedenti storici, è preparata all'esercizio dell'attività industriale, mentre l'altra parte non lo è. Egli aveva ragione, come aveva ragione nell'accennare (ed io sottoscrivo al suo accenno) che bisognerà che si studino i compensi mediante una larga politica agraria, la quale pareggi, per quanto è possibile, le regioni meno fortunate e quelle che dalla guerra subiscono danni ma anche traggono inestimabili vantaggi.
Le promesse dell'on. Salandra saranno dimenticate, come le tante altre che furono fatte nel passato. E il parlare di una politica agraria non può che giustificare il piú crudo scetticismo. Il Mezzogiorno non ha bisogno di leggi speciali e di trattamenti speciali. Ha bisogno di una politica generale, estera ed interna, che sia ispirata al rispetto dei bisogni generali del paese, e non di particolari tendenze politiche o regionali. Non basta costruire una strada, o un

bacino montano per compensare i danni che regioni hanno subito per causa della guerra. Bisogna, prima di tutto, che i futuri trattati commerciali non facciano chiudere i mercati ai prodotti di esse. E tutti i programmi anticipati che si fanno di guerre economiche agli Imperi centrali non sono rassicuranti da questo punto di vista. Bisogna che, come al solito, non siano i vasi di creta a spezzarsi tra i vasi di rame che la nave presa nella burrasca fa impazzire ed agitare. Bisogna impedire che la guerra per la cosí detta libertà politica abbia per risultato la tirannia economica aduggiatrice delle forze produttive, e che per punire la Germania, troppo forte e troppo bene organizzata industrialmente perché possa paventare alcuna iattura, si colpisca invece quella parte d'Italia che a parole si dice sempre di voler redimere e sollevare.

Clericali ed agrari

La mentalità dei clericali politicanti è la quintessenza aromatizzata della demagogia. I loro giornali sono normalmente imbottiti di lunghe e suggestive polemiche (naturalmente disinteressate e per le quali l'amministratore non compila nessuna fattura) in difesa degli interessi di tutti gli affarismi truccati da industrie nazionali. Ma quando per esempio lo zucchero e il pane attingono prezzi vertiginosi, allora codesti paladini dei poveri trovano il modo di fare la voce grossa e di riversare la loro santa indignazione sugli... accaparratori o sui droghieri, che dalla cuccagna generale cercano di ricavare qualche profitto anche loro.

Sei mesi fa, il Momento si distinse per una intrepida campagna (quanti pesciolini non abboccano a questi ami) contro l'alto prezzo del pane. Ma ciò naturalmente non gli impedisce ora di bruciare un granellino di incenso in favore della povera agricoltura nazionale e di svolgere simpaticamente un articolocircolare dell'Agraria, che cerca dimostrare come qualmente il prezzo di 36 lire al quintale fissato per il grano sia addirittura rovinoso per la... Sardegna e per la Calabria.

Bisogna tener sempre d'occhio questi mestatori dell'opinione pubblica ed impedire che le loro insinuanti argomentazioni facciano presa. Il protezionismo in Italia si è irrobustito perché ha saputo abilmente rendere antagonistici gli interessi immediati delle campagne con quelli della città, e di una parte d'Italia con l'altra. E perciò spetta ai proletari urbani, piú duramente provati dalle alchimie affaristiche degli agrari e d'altronde meglio preparati alla lotta, cercare con la loro resistenza ed opposizione, anche violenta, di smontare la vecchia macchina camorrista che, in ultima analisi, opprime in modo uguale tutto il proletariato.

L'argomentazione che il Momento fa sua, e che viene pomposamente presentata come un'applicazione della «ben nota teorica del valore denominata del Ricardo», è cosí evidentemente assurda che solo uno scopo demagogico (ottenere la pressione dei contadini della bassa Italia e delle isole, per rendere legittimi i grossi guadagni dei granicultori della Valle Padana) può averla fatta rivogare. In sostanza si vuole che, per non rovinare nessuno, si prenda come punto di partenza per fissare il prezzo massimo del grano la produttività delle terre improduttive. Il dazio protettivo sul grano ha spinto molti nelle

campagne a seminare in terre mezzo sterili nella sicurezza di un tenue guadagno procurato dallo Stato, artificialmente, per la solita ragione dell'incremento dei prodotti nazionali. Lo stato di monopolio creato dalla guerra, che da 29 franchi ha portato il grano a piú di 40 franchi, serve a creare l'illusione che anche seminando sulla sabbia ci sia da guadagnare sempre abbastanza. Intanto però gli agrari della Valle Padana, che non seminano sulla sabbia, ma nelle fertili ed irrigate terre della Lombardia e dell'Emilia specialmente, realizzano dei guadagni favolosi, che trovano solo riscontro nei superprofitti di guerra degli industriali. È molto comodo per questi signori sfruttare il fatto compiuto della coltura a grano di terre improduttive per insinuare che il prezzo massimo deve essere fissato per assicurare ai poveri contadini un reddito equo, ma, a costo di dovere assumere degli atteggiamenti apparentemente antipatici e odiosi, è necessario che il proletario, specialmente urbano, reagisca contro queste campagne tendenziose.
Potrà essere titolo d'onore del proletario urbano l'aver contribuito, con questa sua resistenza alle nuove domande affamatrici degli speculatori del pane quotidiano, a trasformare una gran parte dell'economia agricola italiana anacronistica e decrepita. E non è paradossale l'affermazione che uno sciopero a Torino, per un minacciato aumento di prezzo del pane, può servire anche a salvare la Sardegna e la Calabria dalla mania disastrosa di tagliare gli alberi per seminare il grano, nella sicurezza fallace che gli alti prezzi rendano immediatamente redditizie le terre dove solo l'albero trova alimento nelle acque del sottosuolo e può diventare in un futuro assestamento economico la vera e più redditizia fonte di ricchezza.
Certo è che occorre assolutamente reagire contro queste mene e questi raggiri dei ceti agrari, che hanno larghe aderenze e forti influenze, affinché cessi il tributo che ogni anno il proletario paga ai padroni delle terre d'Italia.

Operai e contadini

Durante la guerra e per le necessità della guerra, lo Stato italiano ha assunto nelle funzioni la regolamentazione della produzione e della distribuzione dei beni materiali. Si è realizzata una forma di trust dell'industria e del commercio, una forma di concentrazione dei mezzi di produzione e di scambio e un eguagliamento delle condizioni di sfruttamento delle masse proletarie e semiproletarie che hanno determinato i loro effetti rivoluzionari. Non è possibile comprendere il carattere essenziale del periodo attuale, se non si tiene conto di questi fenomeni e delle conseguenze psicologiche da esse prodotte.

Nei paesi ancora capitalisticamente arretrati come la Russia, l'Italia, la Francia e la Spagna, esiste una netta separazione tra la città e la campagna, tra gli operai e i contadini. Nell'agricoltura sono sopravvissute forme economiche prettamente feudali, e una corrispondente psicologia. L'idea dello Stato moderno liberalecapitalistico è ancora ignorata; le istituzioni economiche e politiche non sono concepite come categorie storiche, che hanno avuto un principio, hanno subito un processo di sviluppo, e possono dissolversi, dopo aver creato le condizioni per superiori forme di convivenza sociale: sono concepite invece come categorie naturali, perpetue, irriducibili. In realtà la grande proprietà terriera è rimasta fuori della libera concorrenza: e lo Stato moderno ne ha rispettato l'essenza feudale, escogitando formule giuridiche come quella del fedecommesso, che continuano di fatto le investiture e i privilegi feudali.

La mentalità del contadino è rimasta perciò quella del servo della gleba, che si rivolta violentemente contro i «signori» in determinate occasioni, ma è incapace di pensare se stesso come membro di una collettività (la nazione per i proprietari e la classe per i proletari) e di svolgere un'azione sistematica e permanente rivolta a mutare i rapporti economici e politici della convivenza sociale.

La psicologia dei contadini era, in tali condizioni, incontrollabile; i sentimenti reali rimanevano occulti, implicati e confusi in un sistema di difesa contro gli sfruttamenti, meramente egoistica, senza continuità logica, materiata in gran parte di sornioneria e di finto servilismo. La lotta di classe si confondeva col brigantaggio, col ricatto, con l'incendio dei boschi, con lo sgarrettamento del bestiame, col ratto dei bambini e delle donne; con l'assalto al municipio: era una forma di terrorismo elementare, senza conseguenze stabili ed efficaci. Obiettivamente quindi la psicologia del contadino si riduceva a una piccolissima somma di sentimenti primordiali dipendenti dalle condizioni sociali create dallo Stato democraticoparlamentare: il contadino era lasciato completamente in balía dei proprietari e dei loro sicofanti e dei funzionari pubblici corrotti, e la preoccupazione maggiore della sua vita era quella di difendersi corporalmente dalle insidie della natura elementare, dai soprusi e dalla barbarie crudele dei proprietari e dei funzionari pubblici. Il contadino è vissuto sempre fuori dal dominio della legge, senza personalità giuridica, senza individualità morale: è rimasto un elemento anarchico, l'atomo indipendente di un tumulto caotico, infrenato solo dalla paura del carabiniere e del diavolo. Non comprendeva l'organizzazione, non comprendeva lo Stato, non comprendeva la disciplina; paziente e tenace nella fatica individuale di strappare alla natura scarsi e magri frutti, capace di sacrifici inauditi nella vita familiare, era impaziente e violento selvaggiamente nella lotta di classe, incapace di porsi un fine generale d'azione e di perseguirlo con la perseveranza e la lotta sistematica.

Quattro anni di trincea e di sfruttamento del sangue hanno radicalmente mutata la psicologia dei contadini. Questo mutamento si è verificato specialmente in Russia ed è una delle condizioni essenziali della rivoluzione. Ciò che non aveva determinato l'industrialismo col suo normale processo di sviluppo, è stato prodotto dalla guerra. La guerra ha costretto le nazioni piú arretrate capitalisticamente, e quindi meno dotate di mezzi meccanici, ad arruolare tutti gli uomini disponibili, per opporre masse profonde di carne viva agli strumenti bellici degli Imperi centrali. Per la Russia la guerra ha significato la presa di contatto di individui prima sparsi in un vastissimo territorio, ha significato una concentrazione umana durata ininterrottamente per anni e anni nel sacrificio, col pericolo sempre immediato della morte, sotto una disciplina uguale e ugualmente feroce; gli effetti psicologici del perdurare di condizioni simili di vita collettiva per tanto tempo sono stati immensi e ricchi di conseguenze imprevedute.

Gli istinti individuali egoistici si sono smussati, un'anima comune unitaria si è modellata, i sentimenti si sono conguagliati, si è formato un abito di disciplina sociale: i contadini hanno concepito lo Stato nella sua complessa grandiosità, nella sua smisurata potenza, nella sua complicata costruzione. Hanno concepito il mondo, non piú come una cosa indefinitamente grande come l'universo e angustamente piccola come il campanile del villaggio, ma nella sua concretezza di Stati e di popoli, di forze e di debolezze sociali, di eserciti e di macchine, di ricchezze e di povertà. Legami di solidarietà si sono annodati che altrimenti solo decine e decine d'anni di esperienza storica e di lotte intermittenti avrebbero suscitati; in quattro anni, nel fango e nel sangue delle trincee un mondo spirituale è sorto avido di affermarsi in forme e istituti sociali permanenti e dinamici.

Cosí sono nati sul fronte russo i Consigli dei delegati militari, cosí i soldati contadini hanno potuto attivamente partecipare alla vita dei soviet di Pietrogrado, di Mosca, e degli altri centri industriali russi, e hanno acquistato coscienza della unità della classe lavoratrice; e cosí è avvenuto che, a mano a mano l'esercito russo smobilizzava e i soldati tornavano alle loro sedi di lavoro, tutto il territorio dell'Impero, dalla Vistola al Pacifico, si andasse coprendo di una fitta rete di Consigli locali, organi elementari della ricostruzione statale del popolo russo. Su questa nuova psicologia si fonda la propaganda comunista irradiata dalle città industriali e si fondano le gerarchie sociali liberamente promosse e accettate attraverso le esperienze di vita collettiva rivoluzionaria.

Le condizioni storiche dell'Italia non erano e non sono molto differenti da quelle russe. Il problema della unificazione di classe degli operai e dei contadini si presenta negli stessi termini: essa avverrà nella pratica dello Stato socialista e si fonderà sulla nuova psicologia creata dalla vita comune in trincea.

L'agricoltura italiana deve radicalmente trasformare i suoi procedimenti per uscire dalla crisi determinata dalla guerra. La distruzione del bestiame impone l'introduzione delle macchine, impone un rapido passaggio alla coltura industriale accentrata con la disponibilità di istituzioni tecniche ricche di mezzi. Ma una tale trasformazione non può avvenire in regime di proprietà privata senza determinare un disastro: è necessario che essa avvenga in uno Stato socialista, nell'interesse dei contadini e degli operai, associate in unità comuniste di lavoro. L'introduzione delle macchine nel processo di produzione ha sempre suscitato profonde crisi di disoccupazione, superate solo lentamente per l'elasticità del mercato di lavoro. Oggi le condizioni del lavoro sono turbate radicalmente: la disoccupazione agraria è già diventata problema irrisolvibile per la impossibilità di emigrare: la trasformazione industriale della agricoltura può solo avvenire col consenso dei contadini poveri, attraverso una dittatura del proletariato che si incarni in consigli di operai industriali e contadini poveri.

Gli operai d'officina e i contadini poveri sono le due energie della rivoluzione proletaria. Per loro specialmente il comunismo rappresenta una necessità essenziale: il suo avvento significa la vita e la libertà, il permanere della proprietà privata significa il pericolo immanente di essere stritolati, di tutto perdere fino alla vita fisica. Essi sono l'elemento irriducibile, la continuità dell'entusiasmo rivoluzionario, la ferrea volontà di non accettare compromessi, di proseguire implacabilmente fino alle realizzazioni integrali, senza demoralizzarsi per gli insuccessi parziali e transitori, senza farsi troppe illusioni per i facili successi.

Sono la spina dorsale della rivoluzione, i ferrei battaglioni dell'esercito proletario che avanza, rovesciando con l'impeto gli ostacoli o assediandoli con le sue maree umane che sgretolano, corrodono con opera paziente, con indefesso sacrificio. Il comunismo è la loro civiltà, è il sistema di condizioni storiche nelle quali acquisteranno una personalità, una dignità, una cultura, per il quale diventeranno spirito creatore di progresso e di bellezza.

Ogni lavoro rivoluzionario ha probabilità di buona riuscita solo in quanto si fonda sulle necessità della loro vita e sulle esigenze della loro cultura. Ciò è indispensabile comprendano i leaders del movimento proletario e socialista. Ed è necessario comprendano come urga il problema di dare a questa forza incoercibile della rivoluzione la forma adeguata alla sua psicologia diffusa.

Nelle condizioni arretrate dell'economia capitalistica di prima della guerra non era stato possibile il sorgere e lo svilupparsi di vaste e profonde organizzazioni contadine, nelle quali i lavoratori dei campi si educassero ad una concezione organica della lotta di classe e alla disciplina permanente necessaria per la ricostruzione dello Stato dopo la catastrofe capitalistica.

Le conquiste spirituali realizzate durante la guerra, le esperienze comunistiche accumulate in quattro anni di sfruttamento del sangue, subíto collettivamente, stando gomito a gomito nelle trincee fangose e insanguinate, possono andare perdute se non si riesce a inserire tutti gli individui in organi di vita nuova collettiva, nel funzionamento e nella pratica dei quali le conquiste possono

solidificarsi, le esperienze possano svilupparsi, integrarsi, essere rivolte consapevolmente al raggiungimento di un fine storico concreto. Cosí organizzati i contadini diventeranno un elemento di ordine e di progresso; abbandonati a se stessi, nell'impossibilità di svolgere una azione sistematica e disciplinata, essi diventeranno un tumulto incomposto, un disordine caotico di passioni esasperate fino alla barbarie piú crudele dalle sofferenze inaudite che si vanno profilando sempre piú spaventosamente.
La rivoluzione comunista è essenzialmente un problema di organizzazione e di disciplina. Date le condizioni reali obiettive della società italiana, della rivoluzione saranno protagoniste le città industriali, con le loro masse compatte e omogenee di operai di officina. Bisogna dunque rivolgere la massima attenzione alla vita nuova che la nuova forma della lotta di classe suscita nell'interno della fabbrica e nel processo di produzione industriale. Ma con le sole forze degli operai d'officina la rivoluzione non potrà affermarsi stabilmente e diffusamente: è necessario saldare la città alla campagna, suscitare nella campagna istituzioni di contadini poveri sulle quali lo Stato socialista possa fondarsi e svilupparsi, attraverso le quali sia possibile allo Stato socialista promuovere l'introduzione delle macchine e determinare il grandioso processo di trasformazione dell'economia agraria. In Italia quest'opera è meno difficile di quanto si pensi: durante la guerra sono entrate nella fabbrica cittadina ingenti quantità di popolazione rurale: su di essa la propaganda comunista ha rapidamente attecchito; essa deve servire di cemento tra la città e la campagna, deve essere utilizzata per svolgere nella campagna una fitta opera di propaganda che distrugga le diffidenze e i rancori, deve essere utilizzata perché, valendosi della sua profonda conoscenza della psicologia rurale e della fiducia che gode, inizi appunto l'attività necessaria per determinare il sorgere e lo svilupparsi delle istituzioni nuove che incorporino nel movimento comunista le vaste forze dei lavoratori dei campi.

Operai e contadini

La produzione industriale deve essere controllata direttamente dagli operai organizzati per azienda; l'attività di controllo deve essere unificata e coordinata attraverso organismi sindacali puramente operai; gli operai e i socialisti non possono concepire come utile ai loro interessi e alle loro aspirazioni un controllo sull'industria esercitato dai funzionari (corrotti, venali e non revocabili) dello Stato capitalista, una forma di controllo sulla industria che altro non può significare che un risorgere dei comitati di mobilitazione industriale utile solo al parassitismo capitalista.

Il motto «la terra ai contadini» deve essere inteso nel senso che le aziende agricole e le fattorie moderne devono essere controllate dagli operai agricoli organizzati per azienda agricola e per fattoria, deve significare che le terre a coltura estensiva devono essere amministrate dai Consigli dei contadini poveri dei villaggi e delle borgate agricole; gli operai agricoli, i contadini poveri rivoluzionari, e i socialisti consapevoli non possono concepire come utile ai loro interessi e alle loro aspirazioni, non possono concepire come utile ai fini della educazione proletaria, indispensabile per una repubblica comunista, la propaganda per le «terre incolte o mal coltivate». Questa propaganda non può avere altro risultato che una dissoluzione della coscienza e della fede rivoluzionaria, non può avere per risultato che una mostruosa diffamazione del socialismo. Cosa ottiene un contadino povero invadendo una terra incolta o mal coltivata? Senza macchine, senza una abitazione sul luogo del lavoro, senza credito per attendere il tempo del raccolto, senza istituzioni cooperative che acquistino il raccolto stesso (se il contadino arriva al raccolto senza prima essersi impiccato al piú forte arbusto della boscaglia, o al meno tisico fico selvatico, della terra incolta!) e lo salvino dalle grinfie degli usurai, cosa può ottenere un contadino povero dall'invasione? Egli soddisfa, in un primo momento, i suoi istinti di proprietario, sazia la sua primitiva avidità di terra; ma in un secondo momento, quando s'accorge che le braccia non bastano per scassare una terra che solo la dinamite può squarciare, quando si accorge che sono necessarie le sementi e i concimi e gli strumenti di lavoro, e pensa che nessuno gli darà tutte queste cose indispensabili, e pensa alla serie futura dei giorni e delle notti da passare in una terra senza case, senza acque, con la malaria, il contadino sente la sua impotenza, la sua solitudine, la sua disperata condizione, e diventa un brigante, non un rivoluzionario, diventa un assassino dei «signori», non un lottatore per il comunismo.

Perciò gli operai e i contadini rivoluzionari e i socialisti consapevoli non hanno visto un riflesso dei loro interessi e delle loro aspirazioni nelle iniziative parlamentari per il controllo sull'industria e per le terre «incolte o mal coltivate»; hanno visto in queste iniziative solo il «cretinismo» parlamentare, l'illusione riformista e opportunista, hanno visto la controrivoluzione. Eppure l'azione parlamentare avrebbe potuto essere utile: avrebbe potuto servire per informare tutti gli operai e tutti i contadini dei termini esatti del problema industriale e agricolo e dei mezzi necessari e sufficienti per risolverlo. Avrebbe potuto servire per far conoscere alla grande massa di contadini di tutta Italia che la soluzione del problema agricolo può essere attuata solo dagli operai urbani dell'Italia settentrionale, può essere attuata solo dalla dittatura proletaria.

La borghesia settentrionale ha soggiogato l'Italia meridionale e le isole e le ha ridotte a colonie di sfruttamento; il proletario settentrionale, emancipando se stesso dalla schiavitú capitalistica, emanciperà le masse contadine meridionali asservite alla banca e all'industrialismo parassitario del Settentrione. La rigenerazione economica e politica dei contadini non deve essere ricercata in una divisione delle terre incolte o mal coltivate, ma nella solidarietà del proletario industriale, che ha bisogno, a sua volta, della solidarietà dei contadini, che ha «interesse» acché il capitalismo non rinasca economicamente dalla proprietà terriera e ha interesse acché l'Italia meridionale e le isole non diventino una base militare di controrivoluzione capitalista. Imponendo il controllo operaio sull'industria, il proletario rivolgerà l'industria alla produzione di macchine agricole per i contadini, di stoffe e calzature per i contadini, di luce elettrica per i contadini, impedirà che l'industria e la banca sfruttino i contadini e li soggioghino come schiavi alle casseforti. Spezzando l'autocrazia nella fabbrica, spezzando l'apparato oppressivo dello Stato capitalista, instaurando lo Stato operaio che soggioghi i capitalisti alla legge del lavoro utile, gli operai spezzeranno tutte le catene che tengono avvinghiato il contadino alla sua miseria, alla sua disperazione; instaurando la dittatura operaia, avendo in mano le industrie e le banche, il proletario rivolgerà l'enorme potenza dell'organizzazione statale per sostenere i contadini nella loro lotta contro i proprietari e contro la natura e contro la miseria; darà il credito ai contadini, istituirà le cooperative, garantirà la sicurezza personale e dei beni contro i saccheggiatori, farà le opere pubbliche di risanamento e di irrigazione. Farà tutto questo perché è suo interesse dare incremento alla produzione agricola, perché è suo interesse avere e conservare la solidarietà delle masse contadine, perché è suo interesse rivolgere la produzione industriale a lavoro utile di pace e di fratellanza tra città e campagna, tra Settentrione e Mezzogiorno.

In questo senso gli operai e i contadini consapevoli devono volere sia rivolta l'azione parlamentare socialista: a compiere opera di educazione rivoluzionaria nelle grandi masse, a unificare i sentimenti e le aspirazioni delle grandi masse nella comprensione del programma comunista, a diffondere incessantemente la persuasione che i problemi attuali della economia industriale e agricola possono essere risolti solo fuori del Parlamento, contro il Parlamento, dallo Stato operaio.

Operai e contadini

La Stampa ha sostenuto che nell'attuale momento un problema sovrasta e domina tutti gli altri: 1° ristorare l'autorità dello Stato; per risolvere appunto questo esistenziale problema della società italiana la Stampa invocava e continua ad invocare la collaborazione della classe operaia e del partito socialista. Il «filosofo» dell'Avanti! all'azione della classe operaia per ristorare lo Stato borghese contrappone, come unica storicamente possibile, l'azione rivoluzionaria della classe operaia rivolta a fondare lo Stato operaio (la dittatura proletaria). Nel suo articolo di ieri lo scrittore della Stampa trova che porre come problema esistenziale la fondazione dello Stato operaio contravviene ai regolamenti della filosofia idealista, mentre è conformista porre il problema della ristorazione dello Stato borghese. È questo uno dei piú reconditi misteri della filosofia idealista che aborre i miti rivoluzionari e trova piú conveniente il servizio delle casseforti e dello Stato borghese.

Lo scrittore della Stampa protesta vigorosamente contro qualsivoglia persona che osi crederlo capace di correre dietro alle armonie sociali e di negare che la lotta di classe sia molla della storia! Significa dunque questa vigorosa protesta che lo scrittore della Stampa crede che nel momento attuale la storia non ha bisogno di molla: oppure significa che lo scrittore della Stampa afferma in genere che la lotta di classe è la molla della storia, ma in ogni caso particolare non vuole di coteste malefiche molle. La filosofia idealista, con le sue austerità e i suoi elogi della intolleranza, anche in questo caso subisce misteriose e labirintiche involuzioni.

Lo scrittore della Stampa dolorosamente abbandona alle loro illusioni demoniache i comunisti che fantasticano di sopprimere la lotta di classe con la lotta di classe, proprio (disgraziati!) come quegli ingenui democratici che sognavano di uccidere la guerra con la guerra. I comunisti della III Internazionale hanno a questo proposito un corpo di dottrine e di tesi che lo scrittore della Stampa dovrebbe conoscere e dimostrare infondate. Il compagno Trotski, per esempio, sostiene che il significato mondiale della rivoluzione russa è quello: la rivoluzione russa è il primo, vittorioso tentativo compiuto da una classe operaia nazionale di creare le condizioni per una economia organizzata su scala mondiale; lo Stato operaio russo è la prima cellula di questa smisurata organizzazione che la classe capitalista ha cercato

di attuare a suo beneficio, con la guerra imperialista e col mito della Società delle nazioni. La polemica sulla guerra eterna e l'eterna lotta delle classi, gli operai russi l'hanno risolta con le armi in pugno: hanno sofferto, hanno dovuto subire la fame, le privazioni piú atroci, ma la polemica si è finora conclusa col sopravvento «dialettico» della classe operaia russa sull'imperialismo mondiale. È probabilissimo che anche in Italia la polemica sarà risolta in un modo molto somigliante a quello russo. Lo scrittore della Stampa è persuaso che l'intervento dello Stato nel processo di produzione e di scambio sia un mero caso, un evento disgraziato, che un «decreto» del potere governativo ristorato potrà distruggere per la maggiore felicità del genere umano: i comunisti della III Internazionale sono persuasi invece che l'«evento» sia una necessaria conseguenza del processo di sviluppo della società divisa in classi; essi pongono perciò il problema in questi termini: a favore di chi deve essere rivolto il potere di Stato che ha unificato e centralizzato il processo di produzione? a favore della plutocrazia o a favore della classe operaia? e rispondono: è necessario che la classe operaia prenda nelle sue mani il potere di Stato per rivolgerlo a suo favore e a favore dei contadini poveri.
La questione dei contadini assilla lo scrittore della Stampa. Egli ce la butta tra i piedi gioiosamente, trionfalmente. I contadini saranno il martello del comunismo: attenti, operai! volete liberare le vostre nuche dal piedino ben calzato della civile borghesia moderna: vi troverete sulla nuca lo scarpone ferrato del contadino! Lo scrittore della Stampa ci domanda inoltre imperiosamente una descrizione precisa e minuta delle forme che assumerà la rivoluzione della classe operaia urbana. La questione dei contadini e il problema delle «forme» sono strettamente uniti. Su questo punto si fonda la polemica tra gli intransigenti e gli opportunisti. La lotta di classe non ha ancora assunto forme diffusamente e coscientemente organiche nelle campagne; è certo che la rivoluzione proletaria non sarà entrata nella sua forma risolutiva se non quando la classe dei contadini poveri e dei piccoli proprietari si sarà violentemente staccata dai partiti politici di coalizione contadinesca. In Germania e in Ungheria al movimento dei proletari non si accompagnò un movimento degli strati poveri contadineschi: le città in rivolta rimasero sole, circondate dalla incomprensione e dall'indifferenza delle campagne, e la reazione clericale e capitalista si appoggiò solidamente sulle campagne. In Russia la rivoluzione proletaria di novembre fu preceduta da irresistibili

movimenti rivoluzionari nelle campagne: il partito dei contadini russi (dei populisti o socialrivoluzionari) si spezzò in due tronconi per effetto di questi movimenti e l'esercito, costituito in maggioranza di contadini, si decompose. La classe operaia urbana approfittò di queste condizioni di sfacelo dello Stato, scosso fin nelle basi da questi colossali movimenti delle campagne, e prese d'assalto il potere governativo. La «tragedia» della Costituente consistette in ciò appunto: che la maggioranza dei suoi delegati contadini era di populisti di destra, mentre nel congresso dei soviet la maggioranza dei delegati contadini era di comunisti o di populisti di sinistra: la Costituente, eletta su liste populiste di coalizione, riproduceva una fisionomia politica dei contadini che era stata distrutta e superata dalla lotta di classe e dalla rivoluzione dei contadini poveri.

La lotta di classe scoppierà violenta e irresistibile anche nelle campagne italiane: anche in Italia il partito popolare si spezzerà in due tronconi; non certo i legami religiosi bastano a infrenare la lotta delle classi, che è «la molla della storia». E anche in Italia sarà la classe operaia che si metterà all'avanguardia della rivoluzione, perché, tra gli oppressi della proprietà privata, solo il proletariato ha una dottrina politica, il marxismo, ha una cultura, ha una psicologia unitaria, ha una disciplina, perché solo la classe operaia può, dal mondo del lavoro, dalla fabbrica, organizzare una società nuova capace di vita e di sviluppo. La classe operaia è cosí matura storicamente da resistere ai richiami insidiosi degli agenti ideologici della borghesia? Da comprendere che una collaborazione coi partiti borghesi, rappresentanti gli interessi della plutocrazia capitalistica, ritarderebbe l'avvento della lotta violenta di classi nella campagna, manterrebbe intatta la compagine della forza armata e che di tali condizioni favorevoli lo Stato «ristorato» si servirebbe per una offensiva generale contro gli operai, burlati, turlupinati, ancora una volta? È cosí matura la classe operaia? La Stampa con le sue offensive di gas avvelenati saggia il terreno; perciò abbiamo detto che gli articoli della Stampa sono un episodio della lotta delle classi: e perciò abbiamo risposto agli articoli.

La lettera per la fondazione de «l'Unità»

Al CE del PC d'Italia.
12 settembre 1923

Cari compagni,
nella sua ultima seduta il Pres. ha deciso che in Italia sia pubblicato un quotidiano operaio redatto dal CE al quale possano dare la loro collaborazione politica i terzinternazionalisti esclusi dal PS. Voglio comunicarvi le mie impressioni e le mie opinioni a questo proposito.
Credo che sia molto utile e necessario, data la situazione attuale italiana, che il giornale sia compilato in modo da assicurare la sua esistenza legale per il piú lungo tempo possibile. Non solo quindi il giornale non dovrà avere alcuna indicazione di partito, ma esso dovrà essere redatto in modo che la sua dipendenza di fatto dal nostro partito non appaia troppo chiaramente. Dovrà essere un giornale di sinistra, della sinistra operaia, rimasta fedele al programma ed alla tattica della lotta di classe, che pubblicherà gli atti e le discussioni del nostro partito, come farà possibilmente anche per gli atti e le discussioni degli anarchici, dei repubblicani, dei sindacalisti e dirà il suo giudizio con un tono disinteressato, come se avesse una posizione superiore alla lotta e si ponesse da un punto di vista «scientifico». Capisco che non è troppo facile fissare tutto ciò in un programma scritto; ma l'importanza non è di fissare un programma scritto, è piuttosto nell'assicurare al partito stesso, che nel campo delle sinistre operaie ha storicamente una posizione dominante, una tribuna legale che permetta di giungere alle piú larghe masse con continuità e sistematicamente.
I comunisti e i serratiani collaboreranno al giornale, manifestamente, cioè firmando gli articoli con nomi di elementi in vista, secondo un piano politico, che tenga conto mese per mese, e, direi, settimana per settimana, della situazione generale del paese e dei rapporti che si sviluppano tra le forze sociali italiane. Bisognerà stare attenti ai serratiani che tenderanno a trasformare il giornale in un organo di frazione nella lotta contro la direzione del PS. Bisognerà essere severissimi in ciò ed impedire ogni degenerazione. La polemica si farà necessariamente, ma con spirito politico, non di setta ed entro certi limiti. Bisognerà stare in guardia contro i tentativi per creare una

situazione «economica» a Serrati, che è disoccupato e sarà dai suoi compagni proposto, molto probabilmente, come redattore ordinario. Serrati collaborerà firmando e non firmando; i suoi articoli firmati dovranno però essere fissati in una certa misura e quelli non firmati dovranno essere accettati dal CE nostro. Sarà necessario fare con i socialisti, meglio con lo spirito socialista di Serrati, Maffí ecc. delle polemiche di principio che saranno utili per rinsaldare la coscienza comunista delle masse e per preparare quella unità ed omogeneità di partito che sarà necessaria dopo la fusione per evitare una ricaduta nella caotica situazione del 1920.
Io propongo come titolo L'Unità puro e semplice, che sarà un significato per gli operai e avrà un significato piú generale, perché credo che dopo la decisione dell'Esec. All. sul governo operaio e contadino, noi dobbiamo dare importanza specialmente alla questione meridionale, cioè alla questione in cui il problema dei rapporti tra operai e contadini si pone non soltanto come un problema di rapporto di classe, ma anche e specialmente come un problema territoriale, cioè come uno degli aspetti della questione nazionale. Personalmente io credo che la parola d'ordine «governo operaio e contadino» debba essere adattata in Italia cosí: «Repubblica federale degli operai e dei contadini». Non so se il momento attuale sia favorevole a ciò, credo però che la situazione che il fascismo va creando e la politica corporativa e protezionistica dei confederali porterà il nostro partito a questa parola d'ordine. A questo proposito sto preparando una relazione per voi che discuterete ed esaminerete. Se sarà utile, dopo qualche numero, si potrà nel giornale iniziare una polemica con pseudonimi e vedere quali ripercussioni essa avrà nel paese e negli strati di sinistra dei popolari e dei democratici che rappresentano le tendenze reali della classe contadina e hanno sempre avuto nel loro programma la parola d'ordine dell'autonomia locale e del decentramento. Se voi accettate la proposta del titolo L'Unità lascerete il campo libero per la soluzione di questi problemi e il titolo sarà una garanzia contro le degenerazioni autonomistiche e contro i tentativi reazionari di dare interpretazioni tendenziose e poliziesche alle campagne che si potranno fare: io d'altronde credo che il regime dei soviets, con il suo accentramento politico dato dal partito comunista e con la sua decentralizzazione amministrativa e la sua colorizzazione delle forze popolari locali, trovi un'ottima preparazione ideologica nella parola d'ordine: Repubblica federale degli operai e contadini.

Saluti comunisti

Gramsci

Il Mezzogiorno e il fascismo

Fatto saliente della lotta politica attuale italiana è il tentativo di soluzione che il Partito nazional fascista ha voluto dare dei rapporti tra Stato-governo e il Mezzogiorno.

Il Mezzogiorno è diventato la riserva dell'opposizione costituzionale. Il Mezzogiorno ha manifestato ancora una volta la sua distinzione «territoriale» dal resto dello Stato, la sua volontà di non lasciarsi assorbire impunemente in un sistema unitario esasperato — che significherebbe solo accrescimento delle antiche oppressioni e dei vecchi sfruttamenti — trincerandosi dietro una serie di posizioni costituzionali parlamentaristiche, di democrazia formale, che hanno pur il loro valore e il loro significato se il Partito nazional fascista ha ritenuto opportuno, solo per decapitare il movimento dei suoi santoni Orlando, De Nicola, di dover fare le concessioni che ha fatto. Mussolini, insomma, non ha fatto altro che applicare la tattica giolittiana, in una situazione nuova, estremamente piú difficile e complicata di tutte le situazioni passate, con una popolazione che almeno parzialmente si è svegliata e ha cominciato a partecipare alla vita pubblica, in un periodo nel quale la diminuita emigrazione pone con maggiore violenza i problemi di classe che tendono a diventare problemi «territoriali» perché il capitalismo si presenta come straniero alla regione e come straniero si presenta il governo che del capitalismo amministra gli interessi.

Molti compagni si domandano spesso con meraviglia il perché dell'atteggiamento di opposizione al fascismo dei due grandi giornali dell'Italia settentrionale, il Corriere della Sera e La Stampa. Non ha forse creato il fascismo la situazione che questi giornali volevano? Non hanno questi due giornali contribuito potentemente alla fortuna del fascismo negli anni 1920'21? Perché oggi lavorano in senso inverso, lavorano a togliere al fascismo la sua base popolare, a minargli il terreno sotto i piedi, mettendo lo scompiglio e orientando le masse piccoloborghesi verso gli «ideali di libertà»?

Evidentemente il Corriere della Sera e La Stampa non sono due «puri» giornali, che tendono solo a mantenere ed allargare la cerchia dei loro abbonati e lettori insistendo su motivi cari alla mentalità della massa: se cosí fosse, a quest'ora i due giornali conoscerebbero già il ferro e la benzina delle squadre fasciste e «l'occupazione» da parte di redattori ligi ai nuovi padroni. Il Corriere e La

Stampa non sono stati occupati, non si sono lasciati occupare perché non sono stati occupati e non si sono lasciati occupare questi tre ordini di «istituzioni» nazionali: lo stato maggiore, le banche (ossia la Banca, la Banca commerciale, che esercita un incontrastato monopolio), la Confederazione generale dell'industria.

La Stampa e il Corriere sono tradizionalmente i due rappresentanti di queste «istituzioni», i due partiti di queste istituzioni nazionali. La Stampa, piú «sinistra», pone oggi apertamente la quistione di un governo radicalesocialista come possibile successore del fascismo, non sarebbe neppure aliena da un esperimento «MacDonald» in Italia: — la Stampa vede il pericolo meridionale e cerca di risolverlo determinando l'entrata dell'aristocrazia operaia nel sistema di egemonia governativa settentrionalepiemontese, cerca cioè di ottenere che le forze rivoluzionarie del Mezzogiorno siano decapitate nazionalmente, che diventi impossibile un'alleanza tra le masse contadine del Sud che non potranno da sole rovesciare mai il capitalismo e la classe operaia del Nord, compromessa e disonorata in una alleanza con gli sfruttatori. Il Corriere ha una concezione piú «unitaria», piú «italiana» per cosí dire — piú commerciale e meno industriale — della situazione. Il Corriere ha appoggiato Salandra e Nitti, i due primi presidenti meridionali (i presidenti siciliani rappresentavano la Sicilia e non il Mezzogiorno perché la quistione siciliana è notoriamente distinta dalla quistione del Mezzogiorno) — era favorevole all'Intesa e non alla Germania come la Stampa, è liberoscambista permanentemente e non solo nei periodi elettoraligiolittiani come la Stampa, non si spaventava, come la Stampa durante la guerra, che l'apparecchio statale passasse dalle mani della burocrazia massonica giolittiana nelle mani dei «pugliesi» di Salandra: il Corriere è piú attaccato al conservatorismo, farebbe anche alleanza coi riformisti, ma solo dopo il passaggio di costoro sotto molte forche caudine; il Corriere vuole un governo «Amendola», cioè che la piccola borghesia meridionale e non l'aristocrazia operaia del Nord entri ufficialmente a far parte del sistema di forze realmente dominanti: vuole in Italia una democrazia rurale, che abbia in Cadorna il suo capo militare e non in Badoglio come vorrebbe la Stampa, che abbia a capo politico un Poincaré italiano, non un Briand italiano. Il Corriere non si spaventa, come la Stampa, che si abbia nuovamente un periodo come il decennio 18901900, un periodo in cui le insurrezioni dei contadini meridionali si saldino automaticamente alle insurrezioni operaie delle città industriali, in cui ai «fasci siciliani» corrisponda un «'98 milanese»: il Corriere ha fiducia nelle «forze naturali» e nei cannoni di BavaBeccaris. La Stampa crede che TuratiD'AragonaModigliani siano armi più sicure dei cannoni per domare le rivolte dei contadini e per fare occupare le fabbriche occupate.

Alle concezioni precise e organiche del Corriere e della Stampa, il fascismo contrappone discorsi e misure puramente meccaniche e ridicolmente coreografiche.

Il fascismo è responsabile della distruzione del sistema di protezionismo operaio conosciuto col nome di «Corporativismo reggiano», di «Evangelismo prampoliniano», ecc., ecc. Il fascismo ha tolto ai «democratici» l'arma piú forte per far deviare sugli operai l'odio delle masse contadine che deve riversarsi sui capitalisti. Il «succhionismo rosso» non esiste piú: ma le condizioni del Mezzogiorno non sono migliorate per ciò. Al «succhionismo rosso» è successo il «succhionismo tricolore»: come evitare che il contadino meridionale veda nel fascismo la sintesi concentrata di tutti i suoi oppressori e i suoi sfruttatori? Rovesciato il castello di carta del riformismo emilianoromagnolo, bisognò sciogliere la guardia regia, cui non si potevano piú dare a bere gli alcoolici antioperai. Gli industriali qualcosa fecero per aiutare Mussolini: la Confederazione generale dell'industria, nella sua conferenza del giugno 1923, cosí parlò per bocca del presidente on. Benni: «Cosí pure certamente andrà presto a terminare un'altra azione lunga e complessa che noi abbiamo iniziato per il Mezzogiorno d'Italia. Vogliamo portare il nostro contributo, con un'azione pratica, al risorgere dell'Italia meridionale ed insulare, dove già si manifestano promettenti i primi indizi di un salutare risveglio economico. È un'opera non semplice: ma è necessario che la classe industriale ci si dedichi, perché è interesse di tutti che la compagine della nazione si amalgami ancor piú sulla base degli interessi economici». Gli industriali aiutano Mussolini con le belle parole; ma alle belle parole seguirono poco dopo dei fatti piú espressivi delle parole: la conquista delle società cotoniere del Salernitano e il trasferimento delle macchine, camuffate da ferro vecchio, nella zona tessile lombarda.

La quistione meridionale non può essere risolta dalla borghesia altro che transitoriamente, episodicamente, con la corruzione o col ferro e col fuoco. Il fascismo ha esasperato la situazione e l'ha in gran parte chiarita. Il non essersi posto con chiarezza il problema, in tutta la sua estensione e con tutte le sue possibili conseguenze politiche, ha intralciato l'azione della classe operaia e ha contribuito, in larga parte, al fallimento della rivoluzione degli anni 1919'20. Oggi il problema è ancora piú complicato e difficile che non fosse in quegli anni, ma esso rimane problema centrale di ogni rivoluzione nel nostro paese e di ogni rivoluzione che voglia avere un domani, e perciò deve essere posto arditamente e decisamente. Nell'attuale situazione, con la depressione delle forze proletarie che esiste, le masse contadine meridionali hanno assunto una importanza enorme nel campo rivoluzionario. O il proletariato, attraverso il suo partito politico, riesce in questo periodo a crearsi un sistema di alleati nel Mezzogiorno, oppure le masse contadine cercheranno dei dirigenti politici nella loro stessa zona, cioè si abbandoneranno completamente nelle mani della piccola borghesia amendoliana, diventando una riserva della controrivoluzione, giungendo fino al separatismo e all'appello agli eserciti stranieri nel caso di una rivoluzione puramente industriale del nord. La parola d'ordine del governo operaio e contadino deve perciò tenere speciale conto del Mezzogiorno, non deve confondere la quistione dei contadini meridionali con la quistione in generale dei rapporti tra città e campagna in un tutto economico organicamente sottomesso al regime capitalistico: la quistione meridionale è anche quistione territoriale ed è da questo punto di vista che deve essere esaminata per stabilire un programma di governo operaio e contadino che voglia trovare larga ripercussione nelle masse.

La crisi italiana

La crisi radicale del regime capitalistico, iniziatasi in Italia così come in tutto il mondo con la guerra, non è stata risanata dal fascismo. Il fascismo, con il suo metodo repressivo di governo, aveva reso molto difficili e, anzi, quasi totalmente impedito le manifestazioni politiche della crisi generale capitalistica; non ha però segnato un arresto di questa e tanto meno una ripresa e uno sviluppo dell'economia nazionale. Si dice generalmente e anche noi comunisti siamo soliti affermare che l'attuale situazione italiana è caratterizzata dalla rovina delle classi medie: ciò è vero, ma deve essere compreso in tutto il suo significato. La rovina delle classi medie è deleteria perché il sistema capitalistico non si sviluppa, ma invece subisce una restrizione: essa non è un fenomeno a sé, che possa essere esaminato e alle cui conseguenze si possa provvedere indipendentemente dalle condizioni generali dell'economia capitalistica; essa è la stessa crisi del regime capitalistico che non riesce piú e non potrà piú riuscire a soddisfare le esigenze vitali del popolo italiano, che non riesce ad assicurare alla grande massa degli italiani il pane e il tetto. Che la crisi delle classi medie sia oggi al primo piano è solo un fatto politico contingente, è solo la forma del periodo che appunto perciò chiamiamo «fascista». Perché? Perché il fascismo è sorto e si è sviluppato sul terreno di questa crisi nella sua fase incipiente, perché il fascismo ha lottato contro il proletariato ed è giunto al potere sfruttando e organizzando l'incoscienza e la pecoraggine della piccola borghesia ubriaca di odio contro la classe operaia che riusciva, con la forza della sua organizzazione, ad attenuare i contraccolpi della crisi capitalistica nei suoi confronti.

Perché il fascismo si esaurisce e muore appunto perché non ha mantenuto nessuna delle sue promesse, non ha appagato nessuna speranza, non ha lenito nessuna miseria. Ha fiaccato lo slancio rivoluzionario del proletariato, ha disperso i sindacati di classe, ha diminuito i salari e aumentato gli orari; ma ciò non bastava per assicurare una vitalità anche ristretta al sistema capitalistico; era necessario perciò anche un abbassamento di livello delle classi medie, la spoliazione e il saccheggio della economia piccolo borghese e quindi la soffocazione di ogni libertà e non solo delle libertà proletarie, e quindi la lotta non solo contro i partiti operai, ma anche e specialmente, in una fase determinata, contro tutti i partiti politici non fascisti, contro tutte le associazioni non direttamente controllate dal fascismo ufficiale. Perché in Italia la crisi delle classi medie ha avuto conseguenze piú radicali che negli altri paesi ed ha fatto nascere e portato al potere dello Stato il fascismo? Perché da noi, dato lo scarso sviluppo della industria e dato il carattere regionale dell'industria stessa, non solo la piccola borghesia è molto numerosa, ma essa è anche la sola classe «territorialmente» nazionale: la crisi capitalistica aveva assunto negli anni dopo la guerra anche la forma acuta di uno sfacelo dello Stato unitario e aveva quindi favorito il rinascere di una ideologia confusamente patriottica e non c'era altra soluzione che quella fascista dopo che nel 1920 la classe operaia aveva fallito al suo compito di creare coi suoi mezzi uno Stato capace di soddisfare anche le esigenze nazionali unitarie della società italiana.

Il regime fascista muore perché non solo non è riuscito ad arrestare, ma anzi ha contribuito ad accelerare la crisi delle classi medie iniziatasi dopo la guerra. L'aspetto economico di questa crisi consiste nella rovina della piccola e media azienda: il numero dei fallimenti si è rapidamente moltiplicato in questi due anni. Il monopolio del credito, il regime fiscale, la legislazione sugli affitti hanno stritolato la piccola impresa commerciale e industriale: un vero e proprio passaggio di ricchezza si è verificato dalla piccola e media alla grande borghesia, senza sviluppo dell'apparato di produzione; il piccolo produttore non è neanche divenuto proletario, è solo un affamato in permanenza, un disperato senza previsioni per l'avvenire. L'applicazione della violenza fascista per costringere i risparmiatori ad investire i loro capitali in una determinata direzione non ha dato molti frutti per i piccoli industriali: quando ha avuto successo, non ha che rimbalzato gli effetti della crisi da un ceto all'altro, allargando il malcontento e la diffidenza già grandi nei risparmiatori per il monopolio esistente nel campo bancario, aggravato dalla tattica dei colpi di mano cui i grandi imprenditori devono ricorrere nella angustia generale per assicurarsi credito.

Nelle campagne il processo della crisi è piú strettamente legato con la politica fiscale dello Stato fascista. Dal 1920 ad oggi il bilancio medio di una famiglia di mezzadri o di piccoloproprietari è stato gravato di un passivo di circa 7.000 lire per aumenti di imposte, peggioramento delle condizioni contrattuali, ecc. In modo tipico si manifesta la crisi della piccola azienda nell'Italia settentrionale e centrale. Nel Mezzogiorno intervengono nuovi fattori, di cui il principale è l'assenza dell'emigrazione e il conseguente aumento della pressione demografica; a ciò si accompagna una diminuzione della superficie coltivata e quindi del raccolto. Il raccolto del grano è stato l'anno scorso di 68 milioni di quintali in tutta Italia, cioè è stato su scala nazionale superiore alla media, ma è stato inferiore alla media nel Mezzogiorno. Quest'anno il raccolto è stato inferiore alla media in tutta Italia, è completamente fallito nel Mezzogiorno. Le conseguenze di una tale situazione non si sono ancora manifestate in modo violento, perché esistono nel Mezzogiorno condizioni di economia arretrate, le quali impediscono alle crisi di rivelarsi subito in modo profondo, come avviene nei paesi di avanzato capitalismo: tuttavia già si sono verificati in Sardegna episodi gravi del malcontento popolare, determinato dal disagio economico.

La crisi generale del sistema capitalistico non è stata dunque arrestata dal regime fascista. In regime fascista le possibilità di esistenza del popolo italiano sono diminuite. Si è verificata una restrizione dell'apparato produttivo proprio nello stesso tempo in cui aumentava la pressione demografica per le difficoltà dell'emigrazione transoceanica. L'apparato industriale ristretto ha potuto salvarsi dal completo sfacelo solo per un abbassamento del livello di vita della classe operaia premuta dalla diminuzione dei salari, dall'aumento della giornata di lavoro, dal carovita: ciò ha determinato una emigrazione di operai qualificati, cioè un impoverimento delle forze produttive umane che erano una delle piú grandi ricchezze nazionali. Le classi medie che avevano riposto nel regime fascista tutte le loro speranze, sono state travolte dalla crisi generale, anzi sono diventate proprio esse l'espressione della crisi capitalistica in questo periodo.

Questi elementi, rapidamente accennati, servono solo per ricordare tutta la portata della situazione attuale che non ha in se stessa nessuna virtú di risanamento economico. La crisi economica italiana può solo essere risolta dal proletariato. Solo inserendosi in una rivoluzione europea e mondiale il popolo italiano può riacquistare la capacità di far valere le sue forze produttive umane e ridare sviluppo all'apparato nazionale di produzione. Il fascismo ha solo ritardato la rivoluzione proletaria, non l'ha resa impossibile, esso ha contribuito anzi ad allargare ed approfondire il terreno della rivoluzione proletaria, che dopo l'esperimento fascista sarà veramente popolare.

La disgregazione sociale e politica del regime fascista ha avuto la sua prima manifestazione di massa nelle elezioni del 6 aprile. Il fascismo è stato messo nettamente in minoranza nella zona industriale italiana, cioè là dove risiede la forza economica e politica che domina la nazione e lo Stato. Le elezioni del 6 aprile, avendo mostrato quanto fosse solo apparente la stabilità del regime, rincuorarono le masse, determinarono un certo movimento nel loro seno, segnarono l'inizio di quella ondata democratica che culminò nei giorni immediatamente successivi all'assassinio dell'on. Matteotti e che ancora oggi caratterizza la situazione. Le opposizioni avevano acquistato dopo le elezioni un'importanza politica enorme; l'agitazione da esse condotta nei giornali e nel parlamento per discutere e negare la legittimità del governo fascista operava potentemente a disciogliere tutti gli organismi dello Stato controllati e dominati dal fascismo, si ripercuoteva nel seno dello stesso Partito nazionale fascista, incrinava la maggioranza parlamentare. Di qui la inaudita campagna di minacce contro le opposizioni e l'assassinio del deputato unitario. L'ondata di sdegno suscitata dal delitto sorprese il partito fascista che rabbrividí di panico e si perdette: i tre documenti scritti in quell'attimo angoscioso dall'on. Finzi, dal Filippelli, da Cesarino Rossi e fatti conoscere alle opposizioni, dimostrano come le stesse cime del partito avessero perduto ogni sicurezza e accumulassero errori su errori: da quel momento il regime fascista è entrato in agonia; esso è sorretto ancora dalle forze cosiddette fiancheggiatrici, ma è sorretto cosí come la corda sostiene l'impiccato.
Il delitto Matteotti dette la prova provata che il partito fascista non riuscirà mai a diventare un normale partito di governo, che Mussolini non possiede dello statista e del dittatore altro che alcune pittoresche pose esteriori; egli non è un elemento della vita nazionale, è un fenomeno di folklore paesano, destinato a passare alle storie nell'ordine delle diverse maschere provinciali italiane piú che nell'ordine dei Cromwell, dei Bolívar, dei Garibaldi.

L'ondata popolare antifascista provocata dal delitto Matteotti trovò una forma politica nella secessione dall'aula parlamentare dei partiti di opposizione. L'assemblea delle opposizioni divenne di fatto un centro politico nazionale intorno al quale si organizzò la maggioranza del paese: la crisi scoppiata nel campo sentimentale e morale acquistò cosí uno spiccato carattere istituzionale; uno Stato fu creato nello Stato, un governo antifascista contro il governo fascista. Il partito fascista fu impotente a frenare la situazione; la crisi lo aveva investito in pieno, devastando le fila della sua organizzazione; il primo tentativo di mobilitazione della Milizia nazionale fallí in pieno, solo il 20 per cento avendo risposto all'appello; a Roma solo 800 militi si presentarono alle caserme. La mobilitazione diede risultati rilevanti solo in poche province agrarie, come Grosseto e Perugia, permettendo cosí di far calare a Roma qualche legione decisa ad affrontare una lotta sanguinosa.

Le opposizioni rimangono ancora il fulcro del movimento popolare antifascista; esse rappresentano politicamente l'ondata di democrazia che è caratteristica della fase attuale della crisi sociale italiana. Verso le opposizioni si era orientata all'inizio anche l'opinione della grande maggioranza del proletariato. Era dovere di noi comunisti cercare di impedire che un tale stato di cose si consolidasse permanentemente. Perciò il nostro gruppo parlamentare entrò a far parte del Comitato delle opposizioni accettando e mettendo in rilievo il carattere precipuo che la crisi politica assumeva di esistenza di due poteri, di due parlamenti. Se avessero voluto compiere il loro dovere, cosí come era indicato dalle masse in movimento, le opposizioni avrebbero dovuto dare una forma politica definita allo stato di cose obiettivamente esistente, ma esse si rifiutarono. Sarebbe stato necessario lanciare un appello al proletariato, che solo è in grado di sostanziare un regime democratico, sarebbe stato necessario approfondire il movimento spontaneo di scioperi che andava delineandosi. Le opposizioni ebbero paura di essere travolte da una possibile insurrezione operaia: non vollero perciò uscire dal terreno puramente parlamentare nelle questioni politiche e dal terreno del processo per l'assassinio dell'on. Matteotti nella campagna per tenere desta l'agitazione nel paese. I comunisti, che non potevano accettare una diffidenza di principio contro l'azione proletaria, che non potevano accettare la forma di blocco di partiti data al Comitato delle opposizioni, furono messi alla porta.

La nostra partecipazione in un primo tempo al comitato e la nostra uscita in un secondo tempo hanno avuto come conseguenza:

1. Ci hanno permesso di superare la fase piú acuta della crisi senza perdere il contatto con le grandi masse lavoratrici; rimanendo isolato il nostro partito sarebbe stato travolto dall'ondata democratica;

2. Abbiamo spezzato il monopolio dell'opinione pubblica che le opposizioni minacciavano di instaurare: una parte sempre maggiore della classe lavoratrice

va convincendosi che il blocco delle opposizioni rappresenta un semifascismo che vuole riformare, addolcendola, la dittatura fascista, senza far perdere al sistema capitalistico nessuno dei benefizi che il terrore e l'illegalismo gli hanno assicurato negli ultimi anni, con l'abbassamento del livello di vita del popolo italiano.

La situazione obiettiva, dopo due mesi, non è mutata. Esistono ancora di fatto due governi nel paese, che lottano l'un contro l'altro per contendersi le forze reali della organizzazione statale borghese. L'esito della lotta dipenderà dai riflessi che la crisi generale eserciterà nel seno del Partito nazionale fascista, dall'atteggiamento definitivo dei partiti che costituiscono il blocco delle opposizioni, dall'azione del proletariato rivoluzionario guidato dal nostro partito.

In che cosa consiste la crisi del fascismo? Per comprenderla si dice che occorra prima definire l'essenza del fascismo, ma la verità è che non esiste una essenza del fascismo nel fascismo stesso. L'essenza del fascismo era data negli anni '22 e '23 da un determinato sistema dei rapporti di forza esistenti nella società italiana: oggi questo sistema è profondamente mutato e l'«essenza» è svaporata alquanto. Il fatto caratteristico del fascismo consiste nell'essere riuscito a costituire una organizzazione di massa della piccola borghesia. È la prima volta nella storia che ciò si verifica. L'originalità del fascismo consiste nell'aver trovato la forma adeguata di organizzazione per una classe sociale che è sempre stata incapace di avere una compagine e una ideologia unitaria: questa forma di organizzazione è l'esercito in campo. La milizia è quindi tutto il perno del Partito nazional fascista: non si può sciogliere la milizia senza sciogliere anche tutto il partito. Non esiste un partito fascista che faccia diventare qualità la quantità, che sia un apparato di selezione politica d'una classe o di un ceto: esiste solo un aggregato meccanico indifferenziato e indifferenziabile dal punto di vista delle capacità intellettuali e politiche, che vive solo perché ha acquistato nella guerra civile un fortissimo spirito di corpo, rozzamente identificato con l'ideologia nazionale. Fuori del terreno dell'organizzazione militare il fascismo non ha dato e non può dare niente, e anche su questo terreno ciò che esso può dare è molto relativo.

Cosí congegnato dalle circostanze, il fascismo non è in grado di conseguire nessuna delle sue premesse ideologiche. Il fascismo dice oggi di voler conquistare lo Stato; nello stesso tempo dice di voler diventare un fenomeno

prevalentemente rurale. Come, le due affermazioni possano stare insieme è difficile comprendere. Per conquistare lo Stato occorre essere in grado di sostituire la classe dominante nelle funzioni che hanno una importanza essenziale per il governo della società. In Italia, come in tutti i paesi capitalistici, conquistare lo Stato significa anzitutto conquistare la fabbrica, significa avere la capacità di superare i capitalisti nel governo delle forze produttive del paese. Ciò può essere fatto dalla classe operaia, non può essere fatto dalla piccola borghesia che non ha nessuna funzione essenziale nel campo produttivo, che nella fabbrica, come categoria industriale, esercita una funzione prevalentemente poliziesca non produttiva. La piccola borghesia può conquistare lo Stato solo alleandosi con la classe operaia, solo accettando il programma della classe operaia: sistema soviettista invece che Parlamento nell'organizzazione statale, comunismo e non capitalismo nell'organizzazione dell'economia nazionale e internazionale.
La formula «conquista dello Stato» è vuota di senso in bocca ai fascisti o ha un solo significato: escogitazione di un meccanismo elettorale che dia la maggioranza parlamentare ai fascisti sempre e ad ogni costo. La verità è che tutta l'ideologia fascista è un trastullo per i balilla. Essa è una improvvisazione dilettantesca, che nel passato, con la situazione favorevole, poteva illudere i gregari, ma oggi è destinata a cadere nel ridicolo presso i fascisti stessi. Residuo attivo del fascismo è solo lo spirito militare di corpo, cementato dal pericolo di uno scatenamento di vendetta popolare: la crisi politica della piccola borghesia, il passaggio della stragrande maggioranza di questa classe sotto la bandiera delle opposizioni, il fallimento delle misure generali annunziate dai capi fascisti possono ridurre notevolmente l'efficienza militare del fascismo, non possono annullarla.

Il sistema delle forze democratiche antifasciste trae la sua forza maggiore dall'esistenza del Comitato parlamentare delle opposizioni, che è riuscito a imporre una certa disciplina a tutta una gamma di partiti che va dal massimalista a quello popolare. Che massimalisti e popolari ubbidiscano a una stessa disciplina e lavorino su uno stesso piano programmatico, ecco il tratto piú caratteristico della situazione. Questo fatto rende lento e faticoso il processo di sviluppo degli avvenimenti, e determina la tattica del complesso delle opposizioni, tattica di aspettativa, di lente manovre avvolgenti, di paziente sgretolamento di tutte le posizioni del governo fascista. I massimalisti, con la loro appartenenza al comitato e con l'accettazione della disciplina comune, garantiscono la passività del proletariato, assicurano la borghesia ancora esitante tra fascismo e democrazia che una azione autonoma della classe operaia non sarà possibile se non molto piú tardi, quando il nuovo governo sia già costituito e rafforzato, quando un nuovo governo sia già in grado di schiacciare un'insurrezione delle masse disilluse e del fascismo e dell'antifascismo democratico. La presenza dei popolari garantisce da una soluzione intermedia fascistapopolare come quella dell'ottobre 1922, che diventerebbe molto probabile, perché imposta dal Vaticano, nel caso di un distacco dei massimalisti dal blocco e di una loro alleanza con noi.

Lo sforzo maggiore dei partiti intermedi (riformisti e costituzionali), aiutati dai popolari di sinistra, è stato rivolto finora a questo scopo: mantenere nella stessa compagine i due estremi. Lo spirito servile dei massimalisti si è adattato alla parte dello sciocco nella commedia: i massimalisti hanno accettato di valere nelle opposizioni quanto il partito dei contadini o i gruppi di «Rivoluzione liberale».

Le forze piú grandi sono portate alle opposizioni dai popolari e dai riformisti che hanno largo seguito nelle città e nelle campagne. L'influenza di questi due partiti viene integrata dai costituzionali amendoliani, che portano al blocco l'adesione di larghi strati dell'esercito, del combattentismo, della corte. La divisione del lavoro di agitazione avviene tra i vari partiti a seconda della loro tradizione e del loro compito sociale. I costituzionali, poiché la tattica del blocco tende a isolare il fascismo, hanno la direzione politica del movimento. I popolari conducono la campagna morale sulla base del processo e delle sue concatenazioni col regime fascista, con la corruzione e la criminalità fiorite intorno al regime. I riformisti riassumono questi due atteggiamenti e si fanno piccini piccini per far dimenticare il loro passato demagogico, per far credere di essersi redenti e di essere tutt'una cosa con l'on. Amendola e col senatore Albertini.

L'atteggiamento compatto e unitario delle opposizioni ha registrato dei successi notevoli: è un successo indubbiamente aver provocato la crisi del «fiancheggiamento», aver cioè obbligato i liberali a differenziarsi attivamente dal fascismo e a porgli delle condizioni. Ciò ha avuto già e piú avrà in seguito ripercussioni nel seno del fascismo stesso, e ha creato un dualismo tra il partito fascista e l'organizzazione centrale del combattentismo. Ma esso ha spostato ancora a destra il punto di equilibrio del blocco delle opposizioni, cioè ha accentuato il carattere conservatore dell'antifascismo: i massimalisti non se ne sono accorti, i massimalisti sono disposti a fare le truppe di colore non solo di Amendola e di Albertini, ma anche di Salandra e di Cadorna.

Come si risolverà questo dualismo di poteri? Ci sarà un compromesso tra il fascismo e le opposizioni? E se il compromesso non sarà possibile, avremo una lotta armata?

Il compromesso non è da escludere assolutamente; esso è però molto improbabile. La crisi che attraversa il paese non è un fenomeno superficiale, sanabile con piccole misure e piccoli espedienti: essa è la crisi storica della società capitalista italiana, il cui sistema economico si dimostra insufficiente ai bisogni della popolazione. Tutti i rapporti sono esasperati: grandissime masse di popolazione attendono ben altro che un piccolo compromesso. Se questo si verificasse, esso significherebbe il suicidio dei maggiori partiti democratici; all'ordine del giorno della vita nazionale si porrebbe immediatamente l'insurrezione armata coi fini piú radicali. Il fascismo per la natura della sua organizzazione non sopporta collaboratori con parità di diritto, vuole solo dei servi alla catena: non può esistere un'assemblea rappresentativa in regime fascista, ogni assemblea diventa subito un bivacco di manipoli o l'anticamera di un postribolo per ufficiali subalterni avvinazzati. La cronaca quotidiana registra perciò solo un susseguirsi di episodi politici che denotano il disgregamento del sistema fascista, il distacco lento ma inesorabile dal sistema fascista di tutte le forze periferiche.

Avverrà dunque un urto armato? Una lotta in grande stile sarà evitata sia dalle opposizioni che dal fascismo. Avverrà il fenomeno inverso che nell'ottobre 1922: allora la marcia su Roma fu la parata coreografica d'un processo molecolare, per cui le forze reali dello Stato borghese (esercito, magistratura, polizia, giornali, Vaticano, massoneria, corte, ecc.) erano passate dalla parte del fascismo. Se il fascismo volesse resistere, esso sarebbe distrutto in una lunga guerra civile alla quale non potrebbero non prendere parte il proletariato e i contadini. Opposizioni e fascismo non desiderano ed eviteranno sistematicamente che una lotta a fondo s'impegni. Il fascismo tenderà invece a conservare una base di organizzazione armata da far rientrare in campo

appena si profili una nuova ondata rivoluzionaria, ciò che è ben lungi dal dispiacere agli Amendola e agli Albertini e anche ai Turati e ai Treves.
Il dramma si svolgerà a data fissa, con ogni probabilità esso è predisposto per il giorno in cui si dovrebbe riaprire la Camera dei deputati. Alla coreografia militaresca dell'ottobre '22 sarà sostituita una piú sonora coreografia democratica. Se le opposizioni non rientrano nel Parlamento e i fascisti, come vanno dicendo, convocano la maggioranza come Costituente fascista, avremo una riunione delle opposizioni e una parvenza di lotta tra le due assemblee.
È possibile però che la soluzione si abbia nella stessa aula parlamentare, dove le opposizioni rientreranno nel caso molto probabile di una scissione della maggioranza, per cui il governo di Mussolini sia messo, nettamente in minoranza. Avremo in questo caso la formazione di un governo provvisorio di generali, senatori ed ex presidenti del consiglio, lo scioglimento della Camera e lo stato d'assedio.
Il terreno su cui la crisi si svolgerà continuerà ad essere il processo per l'assassinio Matteotti. Avremo ancora delle fasi acutamente drammatiche in proposito, quando saranno resi pubblici i tre documenti di Finzi, di Filippelli, di Rossi e le piú alte personalità del regime saranno travolte dalla passione popolare. Tutte le forze reali dello Stato, e specialmente le forze armate, intorno alle quali già si comincia a discutere, dovranno schierarsi definitivamente da una parte o dall'altra, imponendo la soluzione già delineata e concertata.
Quale deve essere l'atteggiamento politico e la tattica del nostro partito nella situazione attuale? La situazione è «democratica» perché le grandi masse lavoratrici sono disorganizzate, disperse, polverizzate nel popolo indistinto. Qualunque possa essere perciò lo svolgimento immediato della crisi, noi possiamo prevedere solo un miglioramento nella posizione politica della classe operaia, non una sua lotta vittoriosa per il potere. Il compito essenziale del nostro partito consiste nella conquista della maggioranza della classe lavoratrice, la fase che attraversiamo non è quella della lotta diretta per il potere, ma una fase preparatoria, di transizione alla lotta per il potere, una fase insomma di agitazione, di propaganda, di organizzazione. Ciò naturalmente non esclude che lotte cruente possano verificarsi, e che il nostro partito non debba subito prepararsi e essere pronto ad affrontarle, tutt'altro: ma anche queste lotte devono essere viste nel quadro della fase di transizione, come elementi di propaganda e di agitazione per la conquista della maggioranza. Se

esistono nel nostro partito gruppi e tendenze che vogliano per fanatismo forzare la situazione, occorrerà lottare contro di essi in nome dell'intiero partito, degli interessi vitali e permanenti della rivoluzione proletaria italiana. La crisi Matteotti ci ha offerto molti insegnamenti a questo proposito. Ci ha insegnato che le masse, dopo tre anni di terrore e di oppressione, sono diventate molto prudenti e non vogliono fare il passo piú lungo della gamba. Questa prudenza si chiama riformismo, si chiama massimalismo, si chiama «blocco delle opposizioni». Essa è destinata a scomparire, certamente e anche in un periodo di tempo non lungo: ma intanto esiste e può essere superata solo se noi volta per volta, in ogni occasione, in ogni momento, pur andando avanti, non perderemo il contatto con l'insieme della classe lavoratrice. Cosí dobbiamo lottare contro ogni tendenza di destra, che volesse un compromesso con le opposizioni, che tentasse di intralciare gli sviluppi rivoluzionari della nostra tattica e il lavoro di preparazione per la fase successiva.
Il primo compito del nostro partito consiste nell'attrezzarsi in modo da diventare idoneo alla sua missione storica. In ogni fabbrica, in ogni villaggio deve esistere una cellula comunista, che rappresenti il partito e l'Internazionale, che sappia lavorare politicamente, che abbia dell'iniziativa. Bisogna perciò lottare contro una certa passività che esiste ancora nelle nostre file, contro la tendenza a tenere angusti i ranghi del partito. Dobbiamo invece diventare un grande partito, dobbiamo cercare di attirare nelle nostre organizzazioni il piú gran numero possibile di operai e contadini rivoluzionari, per educarli alla lotta, per formarne degli organizzatori e dei dirigenti di massa, per elevarli politicamente. Lo Stato operaio e contadino può essere costruito solo se la rivoluzione disporrà di molti elementi qualificati politicamente; la lotta per la rivoluzione può essere condotta vittoriosamente solo se le grandi masse sono in tutte le loro formazioni locali, inquadrate e guidate da compagni onesti e capaci. Altrimenti si torna davvero, come gridano i reazionari, agli anni 1919'20, agli anni cioè dell'impotenza proletaria, agli anni della demagogia massimalista, agli anni della sconfitta delle classi lavoratrici. Neanche noi comunisti vogliamo tornare agli anni 1919'20.

Un grande lavoro deve essere compiuto dal partito nel campo sindacale. Senza grandi organizzazioni sindacali non si esce dalla democrazia parlamentare. I riformisti possono volere dei piccoli sindacati, possono tentare di formare solo delle corporazioni di operai qualificati. Noi comunisti vogliamo il contrario dei riformisti e dobbiamo lottare per riorganizzare le grandi masse. Certo bisogna porsi il problema concretamente e non solo come forma. Le masse hanno abbandonato il sindacato, perché la Confederazione generale del lavoro, che pure ha una grande efficienza politica (essa è nient'altro che il partito unitario) non si interessa degli interessi vitali delle masse. Noi non possiamo proporci di creare un nuovo organismo che abbia lo scopo di supplire la latitanza della Confederazione; possiamo però e dobbiamo proporci il problema di sviluppare, attraverso le cellule di fabbrica e di villaggio, una reale attività. Il partito comunista rappresenta la totalità degli interessi e delle aspirazioni della classe lavoratrice: noi non siamo un puro partito parlamentare. Il nostro partito svolge quindi una vera e propria azione sindacale, si pone a capo delle masse anche nelle piccole lotte quotidiane per il salario, per la giornata lavorativa, per la disciplina industriale, per gli alloggi, per il pane. Le nostre cellule devono spingere le Commissioni interne a incorporare nel loro funzionamento tutte le attività proletarie. Occorre pertanto suscitare un largo movimento nelle fabbriche che possa svilupparsi fino a dar luogo a un'organizzazione di Comitati proletari di città eletti dalle masse direttamente, i quali nella crisi sociale che si profila diventino il presidio degli interessi generali di tutto il popolo lavoratore. Questa azione reale nella fabbrica e nel villaggio rivalorizzerà il sindacato, ridonandogli un contenuto e una efficienza, se parallelamente si verificherà il ritorno all'organizzazione di tutti gli elementi d'avanguardia per la lotta contro i dirigenti attuali riformisti e massimalisti. Chi si tiene lontano dai sindacati è oggi un alleato dei riformisti, non un militante rivoluzionario: egli potrà fare della fraseologia anarcoide, non sposterà di una linea le ferree condizioni in cui la lotta reale si svolge.

La misura in cui il partito nel suo complesso, e cioè tutta la massa degli iscritti, riuscirà a svolgere il suo compito essenziale di conquista della maggioranza dei lavoratori e di trasformazione molecolare delle basi dello Stato democratico sarà la misura dei nostri progressi nel cammino della rivoluzione, consentirà il passaggio a una fase successiva di sviluppo. Tutto il partito, in tutti i suoi organismi, ma specialmente con la sua stampa, deve lavorare unitariamente per ottenere il massimo rendimento del lavoro di ognuno. Oggi siamo in linea per la lotta generale contro il regime fascista. Alle stolte campagne dei giornali delle opposizioni rispondiamo dimostrando la nostra reale volontà di abbattere non solo il fascismo di Mussolini e Farinacci, ma anche il semifascismo di Amendola, Sturzo, Turati. Per ottenere ciò occorre riorganizzare le grandi masse e diventare un grande partito, il solo partito nel quale la popolazione lavoratrice veda l'espressione della sua volontà politica, il presidio dei suoi interessi immediati e permanenti nella storia.

La relazione di Gramsci sul III Congresso (Lione) del Partito comunista d'Italia

Data la difficoltà di pubblicare immediatamente un resoconto giornalistico dei lavori del III Congresso del nostro partito, riteniamo per intanto opportuno di offrire ai compagni e alla massa dei lettori un esame e una informazione generale dei risultati del congresso stesso.
Ci affrettiamo comunque ad annunciare che prossimamente sarà pubblicato sul nostro giornale il resoconto materiale del congresso e saranno successivamente riunite in volume le deliberazioni e le tesi nel loro testo definitivo.
I risultati numerici dei voti al congresso furono i seguenti:
– Assenti e non consultati: 18,9%.
– Dei presenti al congresso: voti per il CC, 90,8%; per l'estrema sinistra, 9,2%.

Il nostro partito è nato nel gennaio 1921, cioè nel momento piú critico sia della crisi generale della borghesia italiana, sia della crisi del movimento operaio. La scissione, se era storicamente necessaria e inevitabile, trovava però le grandi masse impreparate e riluttanti. In tale situazione l'organizzazione materiale del nuovo partito trovava le condizioni piú difficili. Avvenne perciò che il lavoro puramente organizzativo, data la difficoltà delle condizioni in cui doveva svolgersi, assorbí le energie creatrici del partito, in modo quasi completo. I problemi politici che si ponevano, per la decomposizione da una parte del personale dei vecchi gruppi dirigenti borghesi, dall'altra per un processo analogo del movimento operaio, non poterono essere approfonditi sufficientemente. Tutta la linea politica del partito negli anni immediatamente successivi alla scissione fu in primo luogo condizionata da questa necessità: di mantenere strette le file del partito, aggredito fisicamente dalla offensiva fascista da una parte, e dai miasmi cadaverici della decomposizione socialista dall'altra. Era naturale che in tali condizioni si sviluppassero nell'interno del nostro partito sentimenti e stati d'animo di carattere corporativo e settario. Il problema generale politico, inerente alla esistenza e allo sviluppo del partito, non era visto nel senso di una attività per la quale il partito dovesse tendere a conquistare le più larghe masse e a organizzare le forze sociali necessarie per sconfiggere la borghesia e conquistare il potere, ma era visto come il problema della esistenza stessa del partito.

La scissione di Livorno

Il fatto della scissione fu visto nel suo valore immediato e meccanico e noi commettemmo, in altro senso sia pure, lo stesso errore che era stato commesso da Serrati. Il compagno Lenin aveva dato la formula lapidaria del significato delle scissioni, in Italia, quando aveva detto al compagno Serrati: «Separatevi da Turati, e poi fate l'alleanza con lui». Questa formula avrebbe dovuto essere da noi adattata alla scissione avvenuta in forma diversa di quella prevista da Lenin. Dovevamo cioè, come era indispensabile e storicamente necessario, separarci, non solo dal riformismo, ma anche dal massimalismo che in realtà rappresentava e rappresenta l'opportunismo tipico italiano nel movimento operaio; ma dopo di ciò, e pur continuando la lotta ideologica e organizzata contro di essi, cercare di fare un'alleanza contro la reazione. Per gli elementi dirigenti del nostro partito, ogni azione della Internazionale, rivolta a ottenere un riavvicinamento a questa linea, apparve come se fosse una sconfessione implicita della scissione di Livorno, come una manifestazione di pentimento. Si disse che, accettando una tale impostazione della lotta politica, si veniva ad ammettere che il nostro partito era solamente una nebulosa indefinita, mentre era giusto ed era necessario affermare che il nostro partito, nascendo, aveva risolto definitivamente il problema della formazione storica del partito del proletariato italiano. Questa opinione era rafforzata dalle non lontane esperienze della Rivoluzione soviettista in Ungheria, dove la fusione fra comunisti e socialdemocratici fu certamente uno degli elementi che contribuirono alla disfatta.

In realtà la impostazione data a questo problema dal nostro partito era falsa e andò sempre piú manifestandosi come tale alle larghe masse del partito. Proprio la esperienza ungherese avrebbe dovuto convincerci che la linea seguita dall'Internazionale nella formazione dei partiti comunisti non era quella che noi le attribuivamo. È noto infatti che il compagno Lenin cercò di opporsi strenuamente alla fusione, tra comunisti e socialdemocratici ungheresi, nonostante che questi ultimi si dichiarassero fautori della dittatura del proletariato. Si può dire perciò che il compagno Lenin fosse in generale contrario alle fusioni? Certamente no. Il problema era visto dal compagno Lenin e dalla Internazionale come un processo dialettico, attraverso il quale l'elemento comunista, cioè la parte piú avanzata e cosciente del proletariato, si pone, sia nella organizzazione di partito della classe operaia, sia nella funzione di direzione delle grandi masse, alla testa di tutto ciò che di onesto e di attivo si è formato ed esiste nella classe. In Ungheria è stato un errore distruggere la organizzazione indipendente comunista nel momento della presa del potere per dissolvere e diluire il raggruppamento costituito nella piú vasta e amorfa organizzazione socialdemocratica che non poteva non riprendere predominio. Anche per l'Ungheria il compagno Lenin aveva formulato la linea del nostro vecchio partito come una alleanza con la socialdemocrazia, non come una fusione. Alla fusione si sarebbe arrivati piú tardi, quando il processo del predominio del raggruppamento comunista si fosse sviluppato sulla scala piú larga nel campo della organizzazione di partito, della organizzazione sindacale e dell'apparato statale, e cioè con la separazione organica e politica degli operai rivoluzionari dai capi opportunisti.

Per l'Italia il problema si poneva in termini ancora più semplici che in Ungheria, perché, non solo il proletariato non aveva conquistato il potere, ma iniziava, proprio nel momento della formazione del partito, un grande movimento di ritirata. Porre in Italia la questione della formazione del partito, cosí com'era stato indicato dal compagno Lenin nella sua formula espressa a Serrati, significava — nell'arretramento del proletariato che si iniziava allora — dare la possibilità al nostro partito di raggruppare intorno a sé quegli elementi del proletariato che avrebbero voluto resistere, ma che sotto la direzione massimalista erano travolti nella rotta generale e cadevano progressivamente nella passività. Ciò significa che la tattica suggerita da Lenin e dalla Internazionale era l'unica capace di rafforzare e sviluppare i risultati della scissione di Livorno, e di fare veramente del nostro partito, fin d'allora, non solo in astratto, e come affermazione storica, ma in forma effettiva, il partito dirigente della classe operaia. Per questa falsa impostazione del problema, noi ci siamo mantenuti sulle posizioni avanzate, da soli e con la frazione di masse immediatamente piú vicine al partito, ma non abbiamo fatto quanto era necessario per mantenere sulle nostre posizioni il proletariato nel suo complesso, il quale tuttavia era ancora animato da un grande spirito di lotta, come è dimostrato da tanti episodi spesso eroici della resistenza opposta all'avanzata avversaria.

Il partito negli anni 1921'22

Un altro degli elementi di debolezza della nostra organizzazione è consistito nel fatto che tali problemi, data la difficoltà della situazione e dato che le forze del partito erano assorbite dalla lotta immediata per la propria difesa fisica, non divennero oggetto di discussione alla base e quindi elemento dello sviluppo della capacità ideologica e politica del partito.
Avvenne cosí che il I Congresso del partito, quello tenuto a Livorno nel teatro San Marco, subito dopo la scissione, si pose solo dei compiti di carattere organizzativo immediato: formazione degli organismi centrali e inquadramento generale del partito. Il II Congresso avrebbe potuto e forse dovuto esaminare e impostare le suddette quistioni, ma a ciò si opposero i seguenti elementi:

1. il fatto che, non solo la massa, ma anche una gran parte degli elementi piú responsabili e piú vicini alla direzione del partito ignoravano letteralmente che esistessero divergenze profonde ed essenziali, fra la linea seguita dal nostro partito e quella sostenuta dalla Internazionale;
2. l'essere il partito assorbito dalla lotta diretta fisica portava a sottovalutare le questioni ideologiche e politiche in confronto di quelle puramente organizzative. Era quindi naturale che sorgesse nel partito uno stato d'animo contrario a priori ad approfondire ogni quistione che potesse prospettare pericoli di conflitti gravi nel gruppo dirigente costituitosi a Livorno;
3. il fatto che la opposizione rivelatasi al Congresso di Roma e che diceva di essere la sola rappresentante delle direttive della Internazionale era, nella situazione data, un'espressione dello stato d'animo di stanchezza e di passività che esisteva in alcune zone del partito.

La crisi subita sia dalla classe dominante che dal proletariato, nel periodo precedente l'avvento del fascismo al potere, pose nuovamente il nostro partito dinanzi ai problemi che il Congresso di Roma non aveva avuto la possibilità di risolvere. In che cosa consistette questa crisi? I gruppi di sinistra della borghesia, fautori a parole di un governo democratico che si proponesse di arginare energicamente il movimento fascista, avevano reso arbitro il PS di accettare o non accettare questa soluzione per liquidarlo politicamente sotto il cumulo della responsabilità di un mancato accordo antifascista. In questo stesso modo di porre la questione da parte dei democratici era implicita la preventiva capitolazione dinanzi al movimento fascista, fenomeno che si riprodusse poi nel periodo della crisi Matteotti. Tuttavia tale impostazione, se ebbe in un primo tempo il potere di determinare una chiarificazione nel PS, essendosi in base ad essa prodotta la scissione dei massimalisti dai riformisti, aggravava però la situazione del proletariato. Infatti la scissione rendeva infruttuosa la tattica proposta dai democratici, in quanto il governo di sinistra da questi prospettato doveva comprendere il Partito socialista unito, cioè significare la cattura della maggioranza della classe proletaria organizzata nell'ingranaggio dello Stato borghese, anticipando la legislazione fascista e rendendo politicamente inutile l'esperimento diretto fascista. D'altronde la scissione, come apparve piú chiaramente in seguito, solo meccanicamente aveva portato a uno sbalzo a sinistra dei massimalisti, i quali, se affermavano di volere aderire alla IC e quindi riconoscere l'errore commesso a Livorno, si muovevano però con tante riserve e reticenze mentali da neutralizzare il risveglio rivoluzionario che la scissione aveva determinato nelle masse, portandole cosí a nuove disillusioni e a una ricaduta di passività, di cui approfittò il fascismo per effettuare la marcia su Roma.

Il nuovo corso nel partito

Questa nuova situazione si riflette al IV Congresso della IC, dove si arrivò alla formazione del Comitato di fusione dopo incertezze e resistenze che erano legate alla persuasione radicata nella maggioranza dei delegati del nostro partito che lo spostamento dei massimalisti non rappresentava che una oscillazione transitoria e senza avvenire. In ogni modo è da questo momento che si inizia nell'interno del nostro partito un processo di differenziazione nel gruppo dirigente di Livorno, processo che prosegue incessantemente ed esce dal campo del fenomeno di gruppo per divenire proprio di tutto il partito, quando si avvertono e si sviluppano gli elementi della crisi del fascismo, iniziatasi col Congresso di Torino del partito popolare.

Appare sempre piú evidente che occorre far uscire il partito dalla posizione mantenuta nel 1921'22, se si vuole che il movimento comunista si sviluppi parallelamente alla crisi che subisce la classe dominante. La pregiudiziale che aveva avuto una cosí larga importanza nel passato, per la quale occorreva prima di tutto mantenere la unità organizzativa del partito, veniva a cadere per il fatto che, nella situazione di conflitto tra il nostro partito e la Internazionale, si costituiva nelle nostre file uno stato di frazionismo latente, che trovava la sua espressione in gruppi nettamente di destra, spesso con carattere liquidazionista. Tardare ancora a porre in tutta la loro ampiezza le quistioni fondamentali di tattica, sulle quali fino allora si era esitato ad aprire la discussione, avrebbe significato determinare una crisi generale del partito senza uscita.

Avvennero cosí nuovi raggruppamenti che andarono sempre piú sviluppandosi, fino alla vigilia del nostro III Congresso, quando fu possibile accertare che non solo la grande maggioranza alla base del partito (che non era stata mai apertamente interpellata), ma anche la grande maggioranza del vecchio gruppo dirigente si era staccata nettamente dalla concezione e dalla posizione politica di estrema sinistra, per porsi completamente sul terreno dell'Internazionale e del leninismo.

L'importanza del III Congresso

Da ciò che è stato detto finora appare chiaramente quanto fossero grandi l'importanza e i compiti del nostro III Congresso. Esso doveva chiudere tutta un'epoca della vita del nostro partito, ponendo termine alla crisi interna e determinando uno schieramento stabile di forze tale da permettere uno sviluppo normale della sua capacità di direzione politica delle masse da parte del partito e quindi della sua capacità d'azione.
Ha il congresso effettivamente risolto questi compiti? Indubbiamente tutti i lavori del congresso hanno dimostrato come, nonostante le difficoltà della situazione, il nostro partito sia riuscito a risolvere la sua crisi di sviluppo, raggiungendo un livello di omogeneità, di compattezza e di stabilizzazione notevole e certamente superiore a quello di molte altre sezioni dell'Internazionale. L'intervento nelle discussioni di congresso dei delegati di base, alcuni dei quali venuti dalle regioni dove piú è difficile l'attività del partito, ha dimostrato come gli elementi fondamentali del dibattito, fra l'Internazionale e il CC da una parte e l'opposizione dall'altra, siano stati non solo meccanicamente assorbiti dal partito, ma, avendo determinato una convinzione consapevole e diffusa, abbiano contribuito ad elevare in misura impreveduta anche dagli stessi compagni più ottimisti, il tono della vita intellettuale della massa dei compagni e la loro capacità di direzione e di iniziativa politica.
Questo ci pare il significato piú rilevante del congresso. È risultato che il nostro partito non solo può dirsi di massa per l'influenza che esso esercita su larghi strati della classe operaia e della massa contadina, ma perché ha acquistato nei singoli elementi che lo compongono una capacità di analisi delle situazioni, di iniziativa politica e di forza dirigente che nel passato gli mancavano e che sono la base della sua capacità di direzione collettiva.
D'altronde tutto lo svolgimento dei lavori condotti alla base per organizzare ideologicamente e praticamente il congresso nelle regioni e nelle province dove la repressione poliziesca vigila con maggiore intensità ogni movimento dei nostri compagni, e il fatto che si sia riusciti per sette giorni a tenere riuniti oltre sessanta compagni per il congresso del partito, e quasi altrettanti per il congresso giovanile, sono di per se stessi una prova dello sviluppo più sopra accennato. È evidente per tutti che tutto questo movimento di compagni e di

organizzazioni non è solamente un puro fatto organizzativo, ma costituisce di per sé un'altissima manifestazione di valore politico.

Poche cifre in proposito. Sono state tenute nella prima fase della preparazione congressuale dalle due alle tremila riunioni di base, che hanno culminato in oltre un centinaio di congressi provinciali e interprovinciali, ove furono scelti, dopo ampie discussioni, i delegati al congresso.

Valore politico e risultati acquisiti

Ogni operaio è in grado di apprezzare tutto il significato di queste poche cifre che è possibile pubblicare, dopo cinque anni dall'epoca dell'occupazione delle fabbriche e tre anni di governo fascista che ha intensificato l'opera generale di controllo su ogni attività di massa e ha realizzato una organizzazione di polizia che è grandemente superiore alle organizzazioni poliziesche precedentemente esistite.

Poiché la maggiore debolezza dell'organizzazione operaia tradizionale si manifestava essenzialmente nello squilibrio permanente e che è diventato catastrofico nei momenti culminanti dell'attività di massa, tra la potenzialità dei quadri organizzativi di partito e la spinta spontanea dal basso, è evidente che il nostro partito è riuscito, non ostante le condizioni estremamente sfavorevoli dell'attuale periodo, a superare in misura notevole questa debolezza e a predisporre forze organizzative coordinate e centralizzate che assicurano la classe operaia contro gli errori e le insufficienze che si verificavano nel passato. È questo un altro dei significati piú importanti del nostro congresso; la classe operaia è capace di azione e dimostra di essere storicamente in grado di compiere la sua missione direttrice nella lotta anticapitalistica nella misura in cui riesce ad esprimere dal suo seno tutti gli elementi tecnici che nella società moderna si dimostrano indispensabili per l'organizzazione concreta delle istituzioni in cui si realizzerà il programma proletario. E da questo punto di vista occorre analizzare tutta l'attività del movimento fascista dal 1921 fino alle ultime leggi fascistissime: essa è stata sistematicamente rivolta a distruggere i quadri che il movimento proletario e rivoluzionario aveva faticosamente elaborato in quasi cinquant'anni di storia. In questo modo il fascismo riusciva nella praticità immediata a privare la classe operaia della sua autonomia e indipendenza politica e la costringeva o alla passività, cioè a una subordinazione inerte all'apparato statale, oppure, nei momenti di crisi politica, come nel periodo Matteotti, a ricercare quadri di lotta in altre classi meno esposte alla repressione.

Il nostro partito è rimasto il solo meccanismo che la classe operaia abbia a sua disposizione per selezionare nuovi quadri dirigenti di classe, cioè per riconquistare la sua indipendenza e autonomia politica. Il congresso ha dimostrato come il nostro partito sia riuscito brillantemente a risolvere questo compito essenziale.

Due erano gli obiettivi fondamentali che dovevano essere raggiunti dal congresso:

1. dopo le discussioni e i nuovi schieramenti di forze che si erano verificati cosí come abbiamo detto precedentemente, occorreva unificare il partito, sia nel terreno dei principi e della pratica di organizzazione che nel terreno piú strettamente politico;
2. il congresso era chiamato a stabilire la linea politica del partito per il prossimo avvenire e ad elaborare un programma di lavoro pratico in tutti i campi di attività delle masse.

I problemi che si ponevano per raggiungere concreti obiettivi non sono naturalmente indipendenti l'uno dall'altro, ma sono coordinati nel quadro della concezione generale del leninismo. La discussione del congresso perciò, anche quando si svolgeva intorno agli aspetti tecnici di ogni singola questione pratica, poneva la questione generale dell'accettazione o meno del leninismo. Il congresso doveva quindi servire a mettere in evidenza in quale misura il nostro partito era diventato un partito bolscevico.

Gli obiettivi fondamentali

Partendo da un apprezzamento storico e politico immediato della funzione della classe operaia nel nostro paese, il congresso dette una soluzione a tutta una serie di problemi che possono essere raggruppati cosí:
1. Rapporti tra il Comitato centrale del partito e la massa del partito. a) In questo gruppo di problemi rientra la discussione generale sulla natura del partito, sulla necessità che esso sia un partito di classe, non solo astrattamente, cioè in quanto il programma accettato dai suoi membri esprime le aspirazioni del proletariato, ma, per cosí dire, fisiologicamente, in quanto cioè la grande maggioranza dei suoi componenti è formata di proletari e in esso si riflettono e si riassumono solamente i bisogni e la ideologia di una sola classe: il proletariato. b) La subordinazione completa di tutte le energie del partito in tal modo socialmente unificate alla direzione del CC.
La lealtà di tutti gli elementi del partito verso il CC deve diventare non solo un fatto puramente organizzativo e disciplinare, ma un vero principio di etica rivoluzionaria. Occorre infondere nelle masse del partito una convinzione cosí radicata di questa necessità che le iniziative frazionistiche e ogni tentativo in generale di disgregare la compagine del partito debbono trovare alla base una reazione spontanea e immediata che le soffochi sul nascere. L'autorità del CC tra un congresso e l'altro non deve mai essere posta in discussione e il partito deve diventare un blocco omogeneo. Solo a tale condizione il partito sarà in grado di vincere i nemici di classe. Come potrebbe la massa dei senza partito aver fiducia che lo strumento di lotta rivoluzionaria, il partito, riesca a condurre senza tentennamenti e senza oscillazioni la lotta implacabile per conquistare e mantenere il potere, se la Centrale del partito non ha la capacità e l'energia necessaria per eliminare tutte le debolezze che possono incrinare la sua compattezza?
I due punti precedenti sarebbero di impossibile realizzazione se nel partito, alla omogeneità sociale e alla compattezza monolitica della organizzazione, non si aggiungesse la coscienza diffusa di una omogeneità ideologica e politica. Concretamente la linea che il partito deve seguire può essere espressa in questa formula: il nucleo della organizzazione di partito consiste in un forte CC, strettamente collegato con la base proletaria del partito stesso, sul terreno della ideologia e della tattica del marxismoleninismo.

Su questa serie di problemi la enorme maggioranza del congresso si è nettamente pronunciata in senso favorevole alla tesi del CC e ha respinto, non solo senza la minima concessione, ma anzi insistendo sulla necessità della intransigenza teorica e della inflessibilità pratica, le concezioni della opposizione che porterebbero a mantenere il partito in uno stato di delinquescenza e di amorfismo politico e sociale.

2. Rapporti del partito con la classe proletaria (cioè con la classe di cui il partito è il diretto rappresentante, con la classe che ha il compito di dirigere la lotta anticapitalistica e di organizzare la nuova società). In questo gruppo di problemi rientra l'apprezzamento della funzione del proletariato nella società italiana, cioè del grado di maturità di tale società, a trasformarsi da capitalista in socialista e quindi delle possibilità per il proletariato di diventare classe indipendente e dominante. Il congresso ha perciò discusso: a) la quistione sindacale, che per noi è essenzialmente quistione della organizzazione delle piú larghe masse, come classe a sé stante, sulla base degli interessi economici immediati, e come terreno di educazione politica rivoluzionaria; b) la quistione del fronte unico, cioè dei rapporti di direzione politica fra la parte piú avanzata del proletariato e le frazioni meno avanzate di esso.

3. Rapporti della classe proletaria nel suo complesso con le altre forze sociali che oggettivamente sono sul terreno anticapitalistico, quantunque siano dirette da partiti e gruppi politici legati alla borghesia; quindi in primo luogo i rapporti fra il proletariato e i contadini. Anche su tutta quest'altra serie di problemi la enorme maggioranza del congresso respinse le concezioni errate dell'opposizione e si schierò in favore delle soluzioni date dal CC.

Come si sono schierate le forze del congresso

Accennammo già all'atteggiamento che la stragrande maggioranza del congresso ha assunto nei riguardi delle soluzioni da dare ai problemi essenziali nel periodo attuale. È opportuno però analizzare più dettagliatamente l'atteggiamento assunto dall'opposizione e accennare, sia pure brevemente, ad altri atteggiamenti che si sono presentati nel congresso come atteggiamenti individuali, ma che potrebbero nell'avvenire coincidere con determinati momenti transitori nello sviluppo della situazione italiana, e che perciò devono essere fin da ora denunziati e combattuti. Abbiamo già accennato nei primi paragrafi di questa esposizione ai modi e alle forme che hanno caratterizzato la crisi di sviluppo del nostro partito negli anni dal 1921 al 1924. Ricorderemo brevemente come al V Congresso mondiale la crisi stessa trovasse una soluzione provvisoria organizzativa con la costituzione di un CC che nel suo complesso si poneva completamente sul terreno del leninismo e della tattica dell'IC, ma che si scomponeva in tre parti di cui una, che aveva la maggioranza piú uno del comitato stesso, rappresentava gli elementi di sinistra che si erano staccati dal vecchio gruppo di Livorno, dopo il IV Congresso; un'altra, che rappresentava l'opposizione costituitasi al II Congresso contro le tesi di Roma, e la terza, che rappresentava gli elementi terzini, entrati nel partito dopo la fusione. Non ostante le sue intrinseche debolezze, tuttavia per il fatto che la funzione dirigente nel suo seno era nettamente esercitata dal cosiddetto gruppo di centro, cioè dagli elementi di sinistra staccatisi dal gruppo dirigente di Livorno, il CC riuscí a impostare e a risolvere energicamente il problema della bolscevizzazione del partito e del suo accordo completo con le direttive dell'IC.

Atteggiamenti dell'estrema sinistra

Certamente vi furono delle resistenze e l'episodio culminante di esse, che tutti i compagni ricordano, fu la costituzione del Comitato d'intesa, cioè il tentativo di costituire una frazione organizzata che si contrapponesse al CC nella direzione del partito. In realtà la costituzione del Comitato d'intesa fu il sintomo piú rilevante della disgregazione dell'estrema sinistra, la quale, poiché sentiva di perdere progressivamente terreno nelle file del partito, cercò di galvanizzare, con un atto clamoroso di ribellione, le poche forze che ancora le rimanevano. È notevole il fatto che, dopo la sconfitta ideologica e politica subita dall'estrema sinistra, già nel periodo precongressuale, il nucleo di essa piú resistente sia andato assumendo posizioni sempre piú settarie e di ostilità verso il partito, dal quale si sentiva ogni giorno piú lontano e staccato. Questi compagni non solo continuarono a mantenersi sul terreno della piú strenua opposizione su determinati punti concreti della ideologia e della politica del partito e dell'Internazionale, ma cercarono sistematicamente motivi di opposizione su tutti i punti, in modo da presentarsi in blocco quasi come un partito nel partito. È facile immaginare che, partendo da una tale posizione, si dovesse arrivare, durante lo svolgimento del congresso, ad atteggiamenti teorici e pratici, nei quali la drammaticità che era un riflesso della situazione generale in cui il partito deve muoversi, difficilmente era distinguibile da un certo istrionismo che appariva di maniera a chi realmente aveva lottato e si era sacrificato per la classe proletaria.

In quest'ordine di avvenimenti dev'essere posta, ad esempio, la pregiudiziale presentata dall'opposizione, subito alla apertura del congresso, con la quale la validità deliberativa di esso veniva contestata, cercandosi in tal modo di precostituire un alibi per una possibile ripresa di attività frazionistica e per un possibile misconoscimento dell'autorità della nuova dirigenza del partito. Alla massa dei congressisti, che conoscevano quali sacrifizi e quali sforzi organizzativi fosse costata la preparazione del congresso, questa pregiudiziale apparve una vera e propria provocazione e non è senza significato che gli unici applausi (il regolamento del congresso proibiva, per ragioni comprensibili, ogni manifestazione clamorosa di consenso o di biasimo) furono rivolti all'oratore che stigmatizzò l'atteggiamento assunto dall'opposizione e sostenne la necessità di rafforzare dimostrativamente il nuovo comitato da eleggersi con mandato specifico di implacabile rigore contro qualsiasi iniziativa che praticamente mettesse in dubbio l'autorità del congresso e l'efficienza delle sue deliberazioni.

Affioramento di deviazioni di destra

Allo stesso ordine di avvenimenti, e in modo aggravato per la forma manierata e teatrale, appartiene anche l'atteggiamento assunto dall'opposizione, prima della fine del congresso, quando si stavano per trarre le conclusioni politico-organizzative dei lavori del congresso stesso. Ma gli stessi elementi dell'opposizione poterono avere la netta dimostrazione di quello che è lo stato d'animo diffuso nelle file del partito: il partito non intende permettere che si giochi piú a lungo al frazionismo e all'indisciplina; il partito vuole realizzare il massimo di direzione collettiva e non permetterà a nessun singolo, qualunque sia il suo valore personale, di contrapporsi al partito.

Nelle sedute plenarie del congresso la opposizione di estrema sinistra è stata la sola opposizione ufficiale e dichiarata. L'atteggiamento di opposizione sulla questione sindacale assunto da due membri del vecchio CC, per il suo carattere di improvvisazione e di impulsività, è da considerarsi piuttosto come un fenomeno individuale di isterismo politico, che di opposizione in senso sistematico. Durante i lavori della Commissione politica invece ci fu una manifestazione che, se può ritenersi per adesso di carattere puramente individuale, deve essere considerata, dati gli elementi ideologici che ne formavano la base, come una vera e propria piattaforma di destra, che potrebbe essere presentata al partito in una situazione determinata, e che perciò doveva essere, come fu, respinta senza esitazione, dato specialmente che di essa si era fatto portavoce un membro della vecchia Centrale. Questi elementi ideologici sono: 1. l'affermazione che il governo operaio e contadino può costituirsi sulla base del Parlamento borghese; 2. l'affermazione che la socialdemocrazia non deve essere ritenuta come l'ala sinistra della borghesia, ma come l'ala destra del proletariato; 3. che nella valutazione dello Stato borghese occorre distinguere la funzione di oppressione di una classe sull'altra dalla funzione di produzione di determinate soddisfazioni a certe esigenze generali della società.

Il primo e il secondo di tali elementi sono contrari alle decisioni del III congresso, il terzo è fuori della concezione marxista dello Stato. Tutti e tre insieme rivelano un orientamento a concepire la soluzione della crisi della società borghese all'infuori della rivoluzione.

La linea politica fissata al partito

Poiché cosí si schierarono le forze rappresentate al congresso, cioè come una piú rigida opposizione dei residui dell'«estremismo» contro le posizioni teoriche pratiche della maggioranza del partito, accenneremo rapidamente solo ad alcuni punti della linea stabilita dal congresso.

Quistione ideologica. Su tale quistione il congresso affermò la necessità che sia sviluppato dal partito tutto un lavoro di educazione, che rafforzi la conoscenza della nostra dottrina marxista nelle file del partito e si sviluppi la capacità del piú largo strato dirigente. Su questo punto l'opposizione cercò di fare un'abile inversione: riesumò alcuni vecchi articoli o brani di articoli di compagni della maggioranza del partito per sostenere che essi solo relativamente tardi hanno accettato integralmente la concezione del materialismo storico quale risulta dalle opere di Marx e di Engels, e sostenevano invece la interpretazione che del materialismo storico era data da Benedetto Croce. Poiché è noto che anche le tesi di Roma sono state giudicate come essenzialmente ispirate dalla filosofia crociana, questa argomentazione della opposizione apparve come ispirata a pura demagogia congressuale. In ogni caso, poiché la quistione non è di individui singoli, ma di masse, la linea stabilita dal congresso, della necessità di un lavoro specifico di educazione per elevare il livello della cultura generale marxista del partito, riduce la polemica della opposizione a una pura esercitazione erudita di ricerca di elementi biografici piú o meno interessanti sullo sviluppo intellettuale di singoli compagni.

Tattica del partito. Il congresso ha approvato e ha difeso energicamente contro gli attacchi della opposizione la tattica seguita dal partito nell'ultimo periodo della storia italiana caratterizzato dalla crisi Matteotti. Occorre dire che l'opposizione non ha cercato di contrapporre all'analisi che della situazione italiana è stata fatta dalla Centrale nelle tesi per il congresso né un'altra analisi che portasse a stabilire una linea tattica diversa, né delle correzioni parziali che giustificassero una opposizione di principio. È stato caratteristico anzi della falsa posizione dell'estrema sinistra il fatto che mai le sue osservazioni e le sue critiche si siano basate su un esame né approfondito e neanche superficiale dei rapporti di forza e delle condizioni generali esistenti nella società italiana.

Risultò cosí chiaramente come il metodo proprio dell'estrema sinistra, e che l'estrema sinistra dice essere dialettico, non è il metodo della dialettica materialistica proprio di Marx, ma il vecchio metodo della dialettica concettuale proprio della filosofia premarxista e persino prehegeliana.
Alla analisi oggettiva delle forze in lotta e della direzione che esse assumono contraddittoriamente in rapporto allo sviluppo delle forze materiali della società, la opposizione sostituiva l'affermazione di essere in possesso di uno speciale e misterioso «fiuto» secondo il quale il partito dovrebbe essere diretto. Strana aberrazione, che autorizzava il congresso a giudicare estremamente pericoloso e deleterio per il partito un tale metodo, che porterebbe solo a una politica di improvvisazioni e di avventure.
Che, d'altronde, la opposizione non abbia mai posseduto un proprio metodo capace di sviluppare le forze del partito e le energie rivoluzionarie del proletariato che possa essere contrapposto al metodo marxista e leninista, è dimostrato dall'attività svolta dal partito negli anni 19211922, quando era politicamente diretto da alcuni degli attuali irriducibili oppositori. A questo proposito furono dal congresso analizzati due momenti della situazione italiana e cioè l'atteggiamento assunto dalla direzione del partito nel febbraio 1921, quando fu sferrata l'offensiva frontale del fascismo in Toscana e in Puglia e l'atteggiamento della stessa direzione verso il movimento degli arditi del popolo. Dall'analisi di questi due momenti risultò come il metodo affermato dalla opposizione porti solo alla passività e alla inazione e consista in ultima analisi semplicemente nel trarre dagli avvenimenti oramai svoltisi senza l'intervento del partito nel suo complesso, degli insegnamenti di solo carattere pedagogico e propagandistico.

La quistione sindacale. Nel campo sindacale il difficile compito del partito consiste nel trovare un giusto accordo fra queste due linee di attività pratica: l. difendere i sindacati di classe cercando di mantenere il massimo di coesione e di organizzazione sindacale fra le masse che tradizionalmente hanno partecipato all'organizzazione sindacale stessa. È questo un compito di eccezionale importanza, perché il partito rivoluzionario deve sempre, anche nelle peggiori situazioni oggettive, tendere a conservare tutte le accumulazioni di esperienza e di capacità tecnica e politica che si sono venute formando attraverso gli sviluppi della storia passata della massa proletaria. Per il nostro partito la Confederazione generale del lavoro costituisce in Italia l'organizzazione che storicamente esprime in modo piú organico queste accumulazioni di esperienza e di capacità e rappresenta quindi il terreno entro il quale deve essere condotta questa difesa; 2. tenendo conto del fatto che l'attuale dispersione delle grandi masse lavoratrici è dovuta essenzialmente a motivi che non sono interni della classe operaia, per cui esistono possibilità organizzative immediate di carattere non strettamente sindacale, il partito deve proporsi di favorire e promuovere attivamente queste possibilità. Questo compito può essere adempiuto solo se il lavoro organizzativo di massa viene trasportato dal terreno corporativo nel terreno industriale di fabbrica e i legami dell'organizzazione di massa diventano elettivi e rappresentativi, oltre che di adesione individuale per via di tessera sindacale.

È chiaro d'altronde che questa tattica del partito corrisponde allo sviluppo normale della organizzazione di massa proletaria, quale si era verificata durante e dopo la guerra, cioè nel periodo in cui il proletariato ha incominciato a porsi il problema di una lotta a fondo contro la borghesia per la conquista del potere. In questo periodo la tradizionale forma organizzativa del sindacato di mestiere era stata integrata da tutto un sistema di rappresentanze elettive di fabbrica, cioè dalle Commissioni interne. È noto anche che, specialmente durante la guerra, quando le Centrali sindacali aderirono ai Comitati di mobilitazione industriale e determinarono quindi una situazione di «pace industriale» per alcuni aspetti analoga a quella presente, le masse operaie di tutti i paesi (Italia, Francia, Russia, Inghilterra e anche gli Stati Uniti) ritrovarono le vie della resistenza e della lotta sotto la guida delle rappresentanze elettive operaie di fabbrica.

La tattica sindacale del partito consiste essenzialmente nello sviluppare tutta la esperienza organizzativa delle grandi masse premendo sulle possibilità di piú immediata realizzazione, considerate le difficoltà oggettive che sono create al movimento sindacale dal regime borghese da una parte e dal riformismo confederale dall'altra.

Questa linea è stata approvata integralmente dalla stragrande maggioranza del congresso. Intorno ad essa tuttavia avvennero le discussioni piú appassionate e l'opposizione fu rappresentata, oltre che dall'estrema sinistra, anche da due membri della Centrale, cosí come abbiamo già accennato. Un oratore sostenne che il sindacato è storicamente superato, perché unica azione di massa del partito deve essere quella che si svolge nelle fabbriche. Questa tesi, legata alle piú assurde posizioni dell'infantilismo estremista, fu nettamente ed energicamente respinta dal congresso.

Per un altro oratore invece l'unica attività del partito in questo campo deve essere l'attività organizzativa sindacale tradizionale. Questa tesi è legata strettamente a una concezione di destra cioè alla volontà di non urtare troppo gravemente con la burocrazia sindacale riformista che si oppone strenuamente ad ogni organizzazione di massa.

L'opposizione dell'estrema sinistra era guidata da due direttive fondamentali: la prima, di carattere essenzialmente congressuale, tendeva alla dimostrazione che la tattica delle organizzazioni di fabbrica, sostenuta dal CC e dalla maggioranza del congresso è legata alla concezione dell'Ordine Nuovo settimanale che, secondo la estrema sinistra, era proudoniana e non marxista; l'altra è legata alla quistione di principio in cui la estrema sinistra si contrappone nettamente al leninismo: il leninismo sostiene che il partito guida la classe attraverso le organizzazioni di massa e sostiene quindi come uno dei compiti essenziali del partito lo sviluppo dell'organizzazione di massa; per la estrema sinistra invece questo problema non esiste e si dànno al partito tali funzioni che possono portare da una parte alle peggiori catastrofi e dall'altra ai piú pericolosi avventurismi.

Il congresso ha rigettato tutte queste deformazioni della tattica sindacale comunista, pur ritenendo necessario insistere con particolare energia sulla necessità di una maggiore e piú attiva partecipazione dei comunisti al lavoro dell'organizzazione sindacale tradizionale.

La quistione agraria. Il partito ha cercato, per ciò che riguarda la sua azione tra i contadini, di uscire dalla sfera della semplice propaganda ideologica tendente a diffondere solo astrattamente i termini generali della soluzione leninista del problema stesso, per entrare nel terreno pratico dell'organizzazione e dell'azione politica reale. È evidente che ciò era più facile da ottenersi in Italia che negli altri paesi, perché nel nostro paese il processo di differenziazione delle grandi masse della popolazione è per certi rispetti piú avanzato che altrove, in conseguenza della situazione politica attuale. D'altronde una tale quistione, dato che il proletariato industriale è da noi solo una minoranza della popolazione lavoratrice, si pone con maggiore intensità che altrove. Il problema di quali siano le forze motrici della rivoluzione e quello della funzione direttiva del proletariato si presentano in Italia in forme tali da domandare una particolare attenzione del nostro partito e la ricerca di soluzioni concrete ai problemi generali che si riassumono nell'espressione: quistione agraria.

La grande maggioranza del congresso ha approvato l'impostazione che il partito ha dato a questi problemi e ha affermato la necessità di una intensificazione del lavoro secondo la linea generale già parzialmente applicata.

In che cosa consiste praticamente questa attività? Il partito deve tendere a creare in ogni regione delle unioni regionali dell'Associazione di difesa dei contadini: ma, entro questi quadri organizzativi piú larghi, occorre distinguere quattro raggruppamenti fondamentali delle masse contadine, per ognuno dei quali è necessario trovare atteggiamenti e soluzioni politiche ben precise e complete.

Uno di questi raggruppamenti è costituito dalle masse dei contadini slavi dell'Istria e del Friuli, la cui organizzazione è legata strettamente alla quistione nazionale. Un secondo è costituito dal particolare movimento contadino che si riassume sotto il titolo di: «Partito dei contadini» e che ha la sua base specialmente nel Piemonte; per questo raggruppamento di carattere aconfessionale e di carattere piú strettamente economico, vale l'applicazione dei termini generali della tattica agraria del leninismo, dato anche il fatto che tale raggruppamento esiste nella regione in cui esiste uno dei centri proletari piú efficienti in Italia. I due altri raggruppamenti sono di gran lunga i piú considerevoli e quelli che domandano la maggiore attenzione del partito, e cioè: 1. la massa dei contadini cattolici, raggruppati nell'Italia centrale e settentrionale, i quali sono piú o meno direttamente organizzati dall'Azione cattolica e dall'apparato ecclesiastico in generale, cioè dal Vaticano; 2. la massa dei contadini dell'Italia meridionale e delle isole.

Per ciò che riguarda i contadini cattolici, il congresso ha deciso che il partito deve continuare e deve sviluppare la linea che consiste nel favorire le formazioni di sinistra che si verificano in questo campo e che sono strettamente legate alla crisi generale agraria iniziatasi già prima della guerra nel centro e nel nord d'Italia. Il congresso ha affermato che l'atteggiamento assunto dal partito verso i contadini cattolici, sebbene contenga in sé alcuni degli elementi

essenziali per la soluzione del problema politico-religioso italiano, non deve in nessun modo condurre a favorire tentativi, che possono nascere, di movimenti ideologici di natura strettamente religiosa. Il compito del partito consiste nello spiegare i conflitti che nascono sul terreno della religione come derivanti dai conflitti di classe e nel tendere a mettere sempre in maggior rilievo i caratteri di classe di questi conflitti e non, viceversa, nel favorire soluzioni religiose dei conflitti di classe, anche se tali soluzioni si presentano come di sinistra, in quanto mettono in discussione l'autorità dell'organizzazione ufficiale religiosa.
La quistione dei contadini meridionali è stata esaminata dal congresso con particolare attenzione. Il congresso ha riconosciuto esatta l'affermazione contenuta nelle tesi della Centrale, secondo la quale la funzione della massa contadina meridionale nello svolgimento della lotta anticapitalistica italiana deve essere esaminata a sé e deve portare alla conclusione che i contadini meridionali sono, dopo il proletariato industriale e agricolo dell'Italia del nord, l'elemento sociale piú rivoluzionario della società italiana.
Quale è la base materiale e politica di questa funzione e delle masse contadine del Sud? I rapporti che intercorrono tra il capitalismo italiano e i contadini meridionali non consistono solamente nei normali rapporti storici tra città e campagna, quali sono stati creati dallo sviluppo del capitalismo in tutti i paesi del mondo; nel quadro della società nazionale questi rapporti sono aggravati e radicalizzati dal fatto che economicamente e politicamente tutta la zona meridionale e delle isole funziona come una immensa campagna di fronte all'Italia del nord, che funziona come una immensa città. Una tale situazione determina nell'Italia meridionale il formarsi e lo svilupparsi di determinati aspetti di una quistione nazionale, se pure immediatamente essi non assumono una forma esplicita di tale quistione nel suo complesso, ma solo di una vivacissima lotta a carattere regionalistico e di profonde correnti verso il decentramento e le autonomie locali.
Ciò che rende caratteristica la situazione dei contadini meridionali è il fatto che essi, a differenza dei tre raggruppamenti precedentemente descritti, non hanno nel loro complesso nessuna esperienza organizzativa autonoma. Essi sono inquadrati negli schemi tradizionali della società borghese, per cui gli agrari, parte integrante del blocco agrario-capitalistico, controllano le masse contadine e le dirigono secondo i loro scopi.

In conseguenza della guerra e delle agitazioni operaie del dopoguerra, che avevano profondamente indebolito l'apparato statale e quasi distrutto il prestigio sociale delle classi superiori nominate, le masse contadine del Mezzogiorno si sono risvegliate alla vita propria e faticosamente hanno cercato un proprio inquadramento. Cosí si sono avuti movimenti degli ex combattenti, e i vari partiti cosiddetti di «rinnovamento», che cercavano di sfruttare questo risveglio della massa contadina, qualche volta secondandolo come nel periodo della occupazione delle terre, piú spesso cercando di deviarlo e quindi di consolidarlo in una posizione di lotta per la cosiddetta democrazia, come è ultimamente avvenuto con la costituzione della «Unione nazionale».
Gli ultimi avvenimenti della vita italiana, che hanno determinato un passaggio in massa della piccola borghesia meridionale al fascismo, hanno reso piú acuta la necessità di dare ai contadini meridionali una direzione propria per sottrarli definitivamente all'influenza borghese agraria. Il solo organizzatore possibile della massa contadina meridionale è l'operaio industriale, rappresentato dal nostro partito. Ma perché questo lavoro di organizzazione sia possibile ed efficace occorre che il nostro partito si avvicini strettamente al contadino meridionale, che il nostro partito distrugga nell'operaio industriale il pregiudizio inculcatogli dalla propaganda borghese che il Mezzogiorno sia una palla di piombo che si oppone ai piú grandiosi sviluppi dell'economia nazionale, e distrugga nel contadino meridionale il pregiudizio ancora piú pericoloso per cui egli vede nel nord d'Italia un solo blocco di nemici di classe.
Per ottenere questi risultati occorre che il nostro partito svolga un'intensa opera di propaganda anche nell'interno della sua organizzazione per dare a tutti i compagni una coscienza esatta dei termini della quistione, la quale, se non sarà risolta in modo chiaroveggente e rivoluzionariamente saggio da noi, renderà possibile alla borghesia, sconfitta nella sua zona, di concentrarsi nel Sud per fare di questa parte d'Italia la piazza d'armi della controrivoluzione.
Su tutta questa serie di problemi, la opposizione di estrema sinistra non riuscí a dire che delle barzellette e dei luoghi comuni. La sua posizione essenziale fu quella di negare aprioristicamente che questi problemi concreti esistano in sé, senza nessuna analisi o dimostrazione neanche potenziale. Si può dire anzi che appunto nei riguardi della quistione agraria, apparve la vera essenza della concezione dell'estrema sinistra, la quale consiste in una specie di corporativismo che aspetta meccanicamente dal solo sviluppo delle condizioni

obiettive generali la realizzazione dei fini rivoluzionari. Tale concezione fu, come abbiamo detto, nettamente rigettata dalla stragrande maggioranza del congresso.

Altri problemi trattati

Per quanto riguarda la quistione dell'organizzazione concreta del partito nell'attuale periodo, il congresso senza discussione ratificò le deliberazioni della recente Conferenza di organizzazione già pubblicate nell'Unità.
Il congresso, dato il modo della sua riunione e gli obiettivi che si proponeva, i quali riguardavano specialmente la organizzazione interna del partito e il risanamento della crisi, non poté trattare ampiamente alcune quistioni che pure sono essenziali per un partito proletario rivoluzionario. Cosí solo nelle tesi fu esaminata la situazione internazionale in rapporto alla linea politica dell'IC. Nella discussione del congresso tale argomento fu solo sfiorato e dei problemi internazionali si trattò solo la parte riguardante le forme o i rapporti di organizzazione del Comintern, poiché era questo un elemento della crisi interna del partito. Il congresso però ebbe una larghissima ed esauriente relazione sui lavori del recente congresso del partito russo e sul significato delle discussioni in esso svoltesi.
Cosí il congresso non si occupò del problema dell'organizzazione nel campo femminile, né dell'organizzazione della stampa, argomenti essenziali per il nostro movimento e che avrebbero meritato una trattazione speciale. Anche la quistione della redazione del programma del partito, che era stata posta all'ordine del giorno, non fu trattata dal congresso. Pensiamo sia necessario rimediare a questa manchevolezza con conferenze speciali di partito, appositamente convocate a tale scopo.
Non ostante queste parziali deficienze, si può affermare, concludendo, che la massa di lavoro svolta dal congresso sia stata veramente imponente. Il congresso ha elaborato una serie di risoluzioni e un programma di lavoro concreto tali da mettere in grado la classe proletaria di sviluppare le sue energie e la sua capacità di direzione politica nell'attuale situazione.
Una condizione è specialmente necessaria perché le risoluzioni del congresso, non solo siano applicate, ma diano tutti i frutti che esse possono dare: occorre che il partito si mantenga strettamente unito, che nessun germe di disgregazione, di pessimismo, di passività sia lasciato sviluppare nel suo seno. Tutti i compagni del partito sono chiamati a realizzare una tale condizione. Nessuno può mettere in dubbio che ciò sarà fatto, con la piú grande delusione di tutti i nemici della classe operaia.

Lo spunto per queste note è stato dato dalla pubblicazione, avvenuta nel Quarto Stato del 18 settembre, di un articolo sul problema meridionale, firmato Ulenspiegel che la redazione della rivista ha fatto precedere da un esordio alquanto buffo. Ulenspiegel dà notizia, nel suo articolo, del recente libro di Guido Dorso (La Rivoluzione meridionale, Torino, edit. Piero Gobetti, 1925) e accenna al giudizio che il Dorso ha dato intorno all'atteggiamento del nostro partito sulla quistione del Mezzogiorno; nel suo esordio, la redazione del Quarto Stato, che si proclama costituita di «giovani che conoscono perfettamente nelle sue linee generali (sic) il problema meridionale», protesta collettivamente per il fatto che si possano riconoscere dei «meriti» al partito comunista. E fin qui niente di male; i giovani del tipo Quarto Stato hanno, in ogni tempo e luogo, fatto sopportare alla carta ben altre opinioni e proteste senza che la carta si ribellasse. Ma poi questi «giovani» aggiungono testualmente: «Non abbiamo dimenticato che la formula magica dei comunisti torinesi era: dividere il latifondo tra i proletari rurali. Quella formula è agli antipodi con ogni sana realistica visione del problema meridionale». E qui occorre mettere le cose a posto, poiché di «magico» esiste solo l'improntitudine e il superficiale dilettantismo dei «giovani» scrittori del Quarto Stato.

La «formula magica» è inventata di sana pianta. E devono avere ben poca stima dei loro intellettualissimi lettori i «giovani» del Quarto Stato se osano con tanta loquace sicumera simili capovolgimenti della verità. Ecco, infatti, un brano dell'Ordine Nuovo (numero del 3 gennaio 1920) nel quale è riassunto il punto di vista dei comunisti torinesi

«La borghesia settentrionale ha soggiogato l'Italia meridionale e le isole e le ha ridotte a colonie di sfruttamento; il proletariato settentrionale, emancipando se stesso dalla schiavitú capitalistica, emanciperà le masse contadine meridionali asservite alla banca e all'industrialismo parassitario del Settentrione. La rigenerazione economica e politica dei contadini non deve essere ricercata in una divisione delle terre incolte e mal coltivate, ma nella solidarietà del proletariato industriale, che ha bisogno, a sua volta, della solidarietà dei contadini, che ha interesse acché il capitalismo non rinasca economicamente dalla proprietà terriera e ha interesse acché l'Italia meridionale e le isole non diventino una base militare di controrivoluzione capitalistica. Imponendo il controllo operaio sull'industria, il proletariato rivolgerà l'industria alla produzione di macchine agricole per i contadini, di stoffe e calzature per i contadini, di energia elettrica per i contadini; impedirà che piú oltre l'industria e la banca sfruttino i contadini e li soggioghino come schiavi alle loro casseforti. Spezzando l'autocrazia nella fabbrica, spezzando l'apparato oppressivo dello Stato capitalistico, instaurando lo Stato operaio che soggioghi i capitalisti alla legge del lavoro utile, gli operai spezzeranno tutte le catene che tengono avvinghiato il contadino alla sua miseria, alla sua disperazione; instaurando la dittatura operaia, avendo in mano le industrie e le banche, il proletariato rivolgerà l'enorme potenza dell'organizzazione statale per sostenere i contadini nella loro lotta contro i proprietari, contro la natura, contro la miseria; darà il credito ai contadini, instituirà le cooperative, garantirà la sicurezza personale e dei beni contro i saccheggiatori, farà le spese pubbliche di risanamento e di irrigazione. Farà tutto questo perché è suo interesse dare incremento alla produzione agricola, perché è suo interesse avere e conservare la solidarietà delle masse contadine, perché è suo interesse rivolgere la produzione industriale a lavoro utile di pace e di fratellanza fra città e campagna, tra Settentrione e Mezzogiorno».

Ciò è stato scritto nel gennaio 1920. Sono passati sette anni e noi siamo piú anziani di sette anni anche politicamente; qualche concetto potrebbe essere oggi espresso meglio, potrebbe e dovrebbe essere meglio distinto il periodo immediatamente successivo alla conquista dello Stato, caratterizzato dal semplice controllo operaio sull'industria, dai periodi successivi. Ma quello che importa notare qui è che il concetto fondamentale dei comunisti torinesi non è stato la «formula magica» della divisione del latifondo, ma quello della alleanza politica tra operai del Nord e contadini del Sud per rovesciare la borghesia dal potere di Stato: non solo, ma proprio i comunisti torinesi (che pure sostenevano, come subordinata all'azione solidale delle due classi, la divisione delle terre) mettevano in guardia contro le illusioni «miracolistiche» sulla spartizione meccanica dei latifondi. Nello stesso articolo del 3 gennaio 1920 è scritto: «Cosa ottiene un contadino povero invadendo una terra incolta o mal coltivata? Senza macchine, senza abitazione sul luogo di lavoro, senza credito per attendere il tempo del raccolto, senza istituzioni cooperative che acquistino il raccolto stesso (se arriva al raccolto senza prima essersi impiccato al piú forte arbusto delle boscaglie o al meno tisico fico selvatico della terra incolta) e lo salvino dalle grinfie degli usurai, cosa può ottenere un contadino povero dall'invasione?». E tuttavia noi eravamo per la formula molto realistica e per nulla «magica» della terra ai contadini; ma volevamo che essa fosse inquadrata in una azione rivoluzionaria generale delle due classi alleate, sotto la direzione del proletariato industriale. Gli scrittori del Quarto Stato hanno inventato di sana pianta la «formula magica» attribuita ai comunisti torinesi, dimostrando cosí la loro poca serietà di pubblicisti e il loro poco scrupolo di intellettuali da farmacia di villaggio; e anche questi sono elementi politici che pesano e portano conseguenze.

Nel campo proletario, i comunisti torinesi hanno avuto un «merito» incontrastabile: di avere imposto la quistione meridionale all'attenzione dell'avanguardia operaia, prospettandola come uno dei problemi essenziali della politica nazionale del proletariato rivoluzionario. In questo senso essi hanno contribuito praticamente a far uscire la quistione meridionale dalla sua fase indistinta, intellettualistica, cosí detta «concretista», per farla entrare in una fase nuova. L'operaio rivoluzionario di Torino e di Milano diventava il protagonista della quistione meridionale e non piú i Giustino Fortunato, i Gaetano Salvemini, gli Eugenio Azimonti, gli Arturo Labriola, per non citare che il nome dei santoni cari ai «giovani» del Quarto Stato.

I comunisti torinesi si erano posti concretamente la quistione dell'«egemonia del proletariato», cioè della base sociale della dittatura proletaria e dello Stato operaio. Il proletariato può diventare classe dirigente e dominante nella misura in cui riesce a creare un sistema di alleanze di classi che gli permetta di mobilitare contro il capitalismo e lo Stato borghese la maggioranza della popolazione lavoratrice, ciò che significa, in Italia, nei reali rapporti di classe esistenti in Italia, nella misura in cui riesce a ottenere il consenso delle larghe masse contadine. Ma la quistione contadina in Italia è storicamente determinata, non è la «quistione contadina e agraria in generale»; in Italia la quistione contadina ha, per la determinata tradizione italiana, per il determinato sviluppo della storia italiana, assunto due forme tipiche e peculiari, la quistione meridionale e la quistione vaticana. Conquistare la maggioranza delle masse contadine significa dunque, per il proletariato italiano, far proprie queste due quistioni dal punto di vista sociale, comprendere le esigenze di classe che esse rappresentano, incorporare queste esigenze nel suo programma rivoluzionario di transizione, porre queste esigenze tra le sue rivendicazioni di lotta.

Il primo problema da risolvere, per i comunisti torinesi, era quello di modificare l'indirizzo politico e l'ideologia generale del proletariato stesso come elemento nazionale che vive nel complesso della vita statale e subisce inconsapevolmente l'influenza della scuola, del giornale, della tradizione borghese. È noto quale ideologia sia stata diffusa in forma capillare dai propagandisti della borghesia nelle masse del Settentrione: il Mezzogiorno è la palla di piombo che impedisce piú rapidi progressi allo sviluppo civile dell'Italia; i meridionali sono biologicamente degli esseri inferiori, dei semibarbari o dei barbari completi, per destino naturale; se il Mezzogiorno è arretrato, la colpa non è del sistema capitalistico o di qualsivoglia altra causa storica, ma della natura che ha fatto i meridionali poltroni, incapaci, criminali, barbari, temperando questa sorte matrigna con la esplosione puramente individuale di grandi geni, che sono come le solitarie palme in un arido e sterile deserto. Il partito socialista fu in gran parte il veicolo di questa ideologia borghese nel proletariato settentrionale; il partito socialista diede il suo crisma a tutta la letteratura «meridionalista» della cricca di scrittori della cosiddetta scuola positiva, come i Ferri, i Sergi, i Niceforo, gli Orano e i minori seguaci, che in articoli, in bozzetti, in novelle, in romanzi, in libri di impressioni e di ricordi ripetevano in diverse forme lo stesso ritornello; ancora una volta la «scienza» era rivolta a schiacciare i miseri e gli sfruttati, ma questa volta essa si ammantava dei colori socialisti, pretendeva essere la scienza del proletariato.

I comunisti torinesi reagirono energicamente contro questa ideologia, proprio a Torino, dove i racconti e le descrizioni dei veterani della guerra contro il «brigantaggio» nel Mezzogiorno e nelle isole avevano maggiormente influenzato la tradizione e lo spirito popolare. Reagirono energicamente, in forme pratiche, riuscendo ad ottenere risultati concreti di grandissima portata storica, riuscendo ad ottenere, proprio a Torino, embrioni di quella che sarà la soluzione del problema meridionale.

D'altronde, già prima della guerra, si era verificato a Torino un episodio che conteneva in potenza tutta l'azione e la propaganda svolte nel dopoguerra dai comunisti. Quando, nel 1914, per la morte di Pilade Gay, rimase vacante il IV collegio della città e fu posta la quistione del nuovo candidato, un gruppo della Sezione socialista, del quale facevano parte i futuri redattori dell'Ordine

Nuovo, ventilò il progetto di presentare come candidato Gaetano Salvemini. Il Salvemini era allora l'esponente piú avanzato in senso radicale della massa contadina del Mezzogiorno. Egli era fuori del partito socialista, anzi conduceva contro il partito socialista una campagna vivacissima e pericolosissima, perché le sue affermazioni e le sue accuse, nella massa lavoratrice meridionale, diventavano causa di odio, non solo contro i Turati, i Treves, i d'Aragona ma contro il proletariato industriale nel suo complesso. (Molte delle pallottole che le guardie regie scaricarono nel '19, '20, '21, '22 contro gli operai erano fuse nello stesso piombo che serví a stampare gli articoli del Salvemini). Tuttavia questo gruppo torinese voleva fare un'affermazione sul nome del Salvemini, nel senso che al Salvemini stesso fu esposto dal compagno Ottavio Pastore recatosi a Firenze per avere il consenso alla candidatura. «Gli operai di Torino vogliono eleggere un deputato per i contadini pugliesi. Gli operai di Torino sanno che, nelle elezioni generali del 1913, i contadini di Molfetta e di Bitonto erano, nella loro stragrande maggioranza, favorevoli al Salvemini; la pressione amministrativa del governo Giolitti e la violenza dei mazzieri e della polizia ha impedito ai contadini pugliesi di esprimersi. Gli operai di Torino non domandano impegni di sorta al Salvemini, né di partito, né di programma, né di disciplina al gruppo parlamentare; una volta eletto, il Salvemini si richiamerà ai contadini pugliesi, non agli operai di Torino, i quali faranno la propaganda elettorale secondo i loro principi e non saranno per nulla impegnati dall'attività politica del Salvemini.»
Il Salvemini non volle accettare la candidatura, quantunque fosse rimasto scosso e persino commosso dalla proposta (in quel tempo non si parlava ancora di «perfidia» comunista, e i costumi erano onesti e lieti); egli propose Mussolini come candidato e si impegnò di venire a Torino a sostenere il partito socialista nella lotta elettorale. Tenne infatti due comizi grandiosi alla Camera del lavoro e in piazza Statuto, tra l'entusiasmo della massa che vedeva ed applaudiva in lui il rappresentante dei contadini meridionali oppressi e sfruttati in forme ancora piú odiose e bestiali che il proletariato settentrionale.

L'indirizzo, potenzialmente contenuto in questo episodio che non ebbe sviluppi maggiori solo per la volontà del Salvemini, fu ripreso e applicato dai comunisti nel periodo del dopoguerra. Vogliamo ricordare i fatti piú salienti e sintomatici.

Nel 1919 si formò l'associazione della «Giovane Sardegna», esordio e premessa di quel che sarà piú tardi il Partito sardo d'azione. La «Giovane Sardegna» si proponeva di unire tutti i sardi dell'isola e del continente in un blocco regionale capace di esercitare una utile pressione sul governo per ottenere che fossero mantenute le promesse fatte durante la guerra ai soldati; l'organizzatore della «Giovane Sardegna» nel continente era un tale prof. Pietro Nurra, socialista, che molto probabilmente oggi fa parte del gruppo di «giovani» che nel Quarto Stato scopre ogni settimana qualche nuovo orizzonte da esplorare. Vi aderivano con l'entusiasmo che crea ogni nuova probabilità di pescar croci, commende e medaglini, avvocati, professori, funzionari. L'assemblea costituente, convocata a Torino per i sardi abitanti nel Piemonte, riuscí imponente per il numero degli intervenuti. Era in maggioranza povera gente, popolani senza qualifica distinguibile, manovali d'officina, piccoli pensionati, ex carabinieri, ex guardie carcerarie, ex soldati di finanza che esercitavano piccoli negozi svariatissimi; tutti erano entusiasmati all'idea di ritrovarsi tra compaesani, di sentire discorsi sulla loro terra alla quale continuavano ad essere legati da innumerevoli fili di parentele, di amicizie, di ricordi, di sofferenze, di speranze: la speranza di ritornare al loro paese, ma ad un paese piú prospero e ricco, che offrisse le condizioni di vivere, sia pure modestamente.
I comunisti sardi, in numero preciso di otto, si recarono alla riunione, presentarono alla presidenza una loro mozione, domandarono di fare una controrelazione. Dopo il discorso infiammato e retorico del relatore ufficiale, adorno di tutte le veneri e gli amorini dell'oratoria regionalistica, dopo che gli intervenuti avevano pianto ai ricordi dei dolori passati e del sangue versato in guerra dai reggimenti sardi, e si erano entusiasmati fino al delirio alla idea del blocco compatto di tutti i figli generosi della Sardegna, era molto difficile «piazzare» la controrelazione; le previsioni piú ottimistiche erano, se non il linciaggio, per lo meno una passeggiata fino in questura dopo essere stati salvati dalle conseguenze del «nobile sdegno della folla». La controrelazione, se suscitò una enorme stupefazione, fu però ascoltata con attenzione, e una volta rotto l'incanto, rapidamente, se pur metodicamente, si giunse alla conclusione rivoluzionaria. Il dilemma: siete voi, poveri diavoli di sardi, per un blocco coi signori di Sardegna che vi hanno rovinato e sono i sorveglianti locali dello sfruttamento capitalistico o siete per un blocco con gli operai

rivoluzionari del continente che vogliono abbattere tutti gli sfruttamenti ed emancipare tutti gli appressi? — questo dilemma fu fatto penetrare nei cervelli dei presenti. Il voto per divisione fu un formidabile successo: da una parte un gruppetto di signore sgargianti, di funzionari in tuba, di professionisti lividi dalla rabbia e dalla paura con una quarantina di poliziotti per contorno di consenso e dall'altra tutta la moltitudine dei poveri diavoli e delle donnette vestite da festa intorno alla piccolissima cellula comunista. Un'ora dopo, alla Camera del lavoro, era costituito il Circolo educativo socialista sardo con 256 inscritti; la costituzione della «Giovane Sardegna» fu rinviata sine die e non ebbe mai luogo.

Fu questa la base politica dell'azione condotta fra i soldati della brigata Sassari, brigata a composizione quasi totalmente regionale. La brigata Sassari aveva partecipato alla repressione del moto insurrezionale di Torino dell'agosto 1917; si era sicuri che essa non avrebbe mai fraternizzato con gli operai, per i ricordi di odio che ogni repressione lascia nella folla anche contro gli strumenti materiali della repressione e nei reggimenti per il ricordo dei soldati caduti sotto i colpi degli insorti. La brigata fu accolta da una folla di signori e signore che offrivano ai soldati fiori, sigari, frutta. Lo stato d'animo dei soldati è caratterizzato da questo racconto di un operaio conciapelli di Sassari, addetto ai primi sondaggi di propaganda: «Mi sono avvicinato a un bivacco di piazza X (i soldati sardi nei primi giorni bivaccarono nelle piazze come in una città conquistata) e ho parlato con un giovane contadino che mi aveva accolto cordialmente perché di Sassari come lui. "Cosa siete venuti a fare a Torino?" "Siamo venuti per sparare contro i signori che fanno sciopero". "Ma non sono i signori quelli che fanno sciopero, sono gli operai e sono poveri". "Qui sono tutti signori: hanno tutti il colletto e la cravatta; guadagnano 30 lire al giorno. I poveri io li conosco e so come sono vestiti; a Sassari, sí, ci sono molti poveri; tutti 'gli zappatori' siamo poveri e guadagnamo 1,50 al giorno." "Ma anche io sono operaio e sono povero". "Tu sei povero perché sei sardo". "Ma se io faccio sciopero con gli altri, sparerai contro di me?" Il soldato rifletté un poco, poi mettendomi una mano sulla spalla: "Senti, quando fai sciopero con gli altri, resta a casa!"».
Era questo lo spirito della stragrande maggioranza della Brigata, che contava solo un piccolo numero di operai minatori del bacino di Iglesias. Eppure, dopo

pochi mesi, alla vigilia dello sciopero generale del 2021 luglio, la brigata fu allontanata da Torino, i soldati anziani furono congedati e la formazione divisa in tre: un terzo fu mandato ad Aosta, un terzo a Trieste, un terzo a Roma. La brigata fu fatta partire di notte, all'improvviso; nessuna folla elegante li applaudiva alla stazione; i loro canti, se erano anche essi guerrieri, non avevano piú lo stesso contenuto di quelli cantati all'arrivo.
Questi avvenimenti sono rimasti senza conseguenze? No, essi hanno avuto risultati che ancora oggi sussistono e continuano ad operare nella profondità della massa popolare. Essi hanno illuminato per un momento cervelli che non avevano mai pensato in quella direzione e che sono rimasti impressionati, modificati radicalmente. I nostri archivi sono andati dispersi; molte carte sono state da noi stessi distrutte per non provocare arresti e persecuzioni. Ma noi ricordiamo decine e centinaia di lettere giunte dalla Sardegna alla redazione torinese dell'Avanti!; lettere spesso collettive, spesso firmate da tutti gli ex combattenti della Sassari di un determinato paese. Per vie incontrollate e incontrollabili, l'atteggiamento politico da noi sostenuto si diffondeva; la formazione del Partito sardo d'azione ne fu fortemente influenzata alla base e sarebbe possibile ricordare a questo proposito episodi ricchi di contenuto e di significato.
L'ultima ripercussione controllata di questa azione la si ebbe nel 1922, quando, con gli stessi propositi che per la brigata Sassari, furono inviati a Torino 300 carabinieri della legione di Cagliari. Ricevemmo, alla redazione dell'Ordine Nuovo, una dichiarazione di principio, firmata da una grandissima parte di questi carabinieri; essa echeggiava di tutta la nostra impostazione del problema meridionale, essa era la prova decisiva della giustezza del nostro indirizzo.

Il proletariato doveva fare suo questo indirizzo per dargli efficienza politica: ciò è sottinteso. Nessuna azione di massa è possibile se la massa stessa non è convinta dei fini che vuole raggiungere e dei metodi da applicare. Il proletariato, per essere capace di governare come classe, deve spogliarsi di ogni residuo corporativo, di ogni pregiudizio o incrostazione sindacalista. Cosa significa ciò? Che non solo devono essere superate le distinzioni che esistono tra professione e professione, ma che occorre, per conquistarsi la fiducia e il consenso dei contadini e di alcune categorie semiproletarie della città, superare alcuni pregiudizi e vincere certi egoismi che possono sussistere e sussistono nella classe operaia come tale anche quando nel suo seno sono spariti i particolarismi di professione. Il metallurgico, il falegname, l'edile, ecc. devono non solo pensare come proletari e non piú come metallurgico, falegname, edile, ecc., ma devono fare ancora un passo avanti: devono pensare come operai membri di una classe che tende a dirigere i contadini e gli intellettuali, di una classe che può vincere e può costruire il socialismo solo se aiutata e seguita dalla grande maggioranza di questi strati sociali. Se non si ottiene ciò, il proletariato non diventa classe dirigente, e questi strati, che in Italia rappresentano la maggioranza della popolazione, rimanendo sotto la direzione borghese, dànno allo Stato la possibilità di resistere all'impeto proletario e di fiaccarlo.

Ebbene: ciò che si è verificato nel terreno della quistione meridionale dimostra che il proletariato ha compreso questi suoi doveri. Due fatti sono da ricordare: uno verificatosi a Torino, l'altro a Reggio Emilia, cioè nella cittadella del riformismo, del corporativismo di classe, del protezionismo operaio portato ad esempio dai «meridionalisti» nella loro propaganda tra i contadini del Sud.

Dopo l'occupazione delle fabbriche, la direzione della Fiat fece la proposta agli operai di assumere la gestione dell'azienda in forma di cooperativa. Come è naturale, i riformisti erano favorevoli. Si profilava una crisi industriale. Lo spettro della disoccupazione angosciava le famiglie operaie. Se la Fiat diventava cooperativa, una certa sicurezza dell'impiego avrebbe potuto essere acquistata dalla maestranza e specialmente dagli operai politicamente piú attivi, che erano persuasi di essere destinati al licenziamento.

La Sezione socialista guidata dai comunisti intervenne energicamente nella quistione. Fu detto agli operai: una grande azienda cooperativa come la Fiat può essere assunta dagli operai, solo se gli operai sono decisi a entrare nel sistema di forze politiche borghesi che oggi governa l'Italia. La proposta della direzione della Fiat rientra nel piano politico giolittiano. In che consiste questo piano? La borghesia, già prima della guerra, non poteva piú governare tranquillamente. L'insurrezione dei contadini siciliani del 1894 e l'insurrezione di Milano del 1898 furono lo experimentum crucis della borghesia italiana. Dopo il decennio sanguinoso '90900, la borghesia dovette rinunziare a una dittatura troppo esclusivista, troppo violenta, troppo diretta: insorgevano contro di lei simultaneamente se anche non coordinatamente i contadini meridionali e gli operai settentrionali. Nel nuovo secolo la classe dominante inaugurò una nuova politica, di alleanze di classe, di blocchi politici di classe, cioè di democrazia borghese. Doveva scegliere: o una democrazia rurale, cioè una alleanza coi contadini meridionali, una politica di libertà doganale, di suffragio universale, di decentramento amministrativo, di bassi prezzi nei prodotti industriali, o un blocco industriale capitalisticooperaio, senza suffragio universale, per il protezionismo doganale, per il mantenimento dell'accentramento statale (espressione del dominio borghese sui contadini, specialmente del Mezzogiorno e delle isole), per una politica riformistica dei salari e delle libertà sindacali. Scelse, non a caso, questa seconda soluzione; Giolitti impersonò il dominio borghese, il partito socialista divenne lo strumento della politica giolittiana. Se osservate bene, nel decennio '900910 si verificano le crisi piú radicali nel movimento socialista e operaio: la massa reagisce spontaneamente contro la politica dei capi riformisti. Nasce il sindacalismo, che è l'espressione istintiva, elementare, primitiva, ma sana, della reazione operaia contro il blocco con la borghesia e per un blocco coi contadini e in primo luogo coi contadini meridionali. Proprio cosí: anzi, in un certo senso, il sindacalismo è un debole tentativo dei contadini meridionali, rappresentati dai loro intellettuali piú avanzati, di dirigere il proletariato. Da chi è costituito il nucleo dirigente del sindacalismo italiano, quale è la essenza ideologica del sindacalismo italiano? Il nucleo dirigente del sindacalismo è costituito di meridionali quasi esclusivamente: Labriola, Leone, Longobardi, Orano. L'essenza ideologica del sindacalismo è un nuovo liberalismo piú energico, piú aggressivo, piú pugnace di quello tradizionale. Se osservate bene, due sono i motivi fondamentali intorno ai quali avvengono le crisi successive del sindacalismo e il passaggio graduale dei dirigenti sindacalisti nel campo borghese: l'emigrazione e il libero scambio, due motivi strettamente legati al meridionalismo. Il fatto della emigrazione fa nascere la concezione della «nazione proletaria» di Enrico Corradini; la guerra libica appare a tutto uno strato di intellettuali come l'inizio dell'offensiva della «grande proletaria» contro il mondo capitalistico e plutocratico. Tutto un gruppo di sindacalisti passa al nazionalismo, anzi il partito nazionalista viene costituito originariamente da intellettuali ex sindacalisti (Monicelli, ForgesDavanzati, Maraviglia). Il libro di Labriola Storia di 10 anni (i dieci anni dal '900 al '910) è l'espressione piú tipica e caratteristica di questo neoliberalismo antigiolittiano e meridionalista.

In questi dieci anni il capitalismo si rafforza e si sviluppa, e riversa una parte della sua attività nell'agricoltura della Valle Padana. Il tratto piú caratteristico di questi 10 anni sono gli scioperi di massa degli operai agricoli della Valle Padana. Un profondo rivolgimento avviene tra i contadini settentrionali; si verifica una profonda differenziazione di classe (il numero dei braccianti aumenta del 50 per cento, secondo i dati del censimento del 1911) e ad essa corrisponde una rielaborazione delle correnti politiche e degli atteggiamenti spirituali. La democrazia sociale e il mussolinismo sono i due prodotti piú salienti dell'epoca: la Romagna è il crogiuolo regionale di queste due nuove attività; il bracciante pare essere diventato il protagonista sociale della lotta politica. La democrazia sociale, nei suoi organismi di sinistra (l'Azione, di Cesena), e anche il mussolinismo cadono rapidamente sotto il controllo: dei «meridionalisti». L'Azione di Cesena è una edizione regionale dell'Unità di Gaetano Salvemini. L'Avanti! diretto dal Mussolini, lentamente, ma sicuramente, si viene trasformando in una palestra per gli scrittori sindacalisti e meridionalisti. I Fancello, i Lanzillo, i Panunzio, i Ciccotti ne diventano assidui collaboratori: lo stesso Salvemini non nasconde le sue simpatie per Mussolini, che diventa anche un beniamino della Voce di Prezzolini. Tutti ricordano che in realtà, quando Mussolini esce dall'Avanti! e dal partito socialista, egli è circondato da questa coorte di sindacalisti e di meridionalisti.

La ripercussione piú notevole di questo periodo nel campo rivoluzionario è la Settimana rossa del giugno 1914: la Romagna e le Marche sono l'epicentro della Settimana rossa. Nel campo della politica borghese la ripercussione piú notevole è il patto Gentiloni. Poiché il partito socialista, per effetto dei movimenti agrari della Valle Padana, era ritornato, dopo il 1910, alla tattica intransigente, il blocco industriale, sostenuto e rappresentato da Giolitti, perde la sua efficienza: Giolitti muta spalla al suo fucile; alla alleanza tra borghesi e operai sostituisce l'alleanza tra borghesi e cattolici, che rappresentano le masse contadine dell'Italia Settentrionale e Centrale. Per questa alleanza il partito conservatore di Sonnino viene completamente distrutto, conservando una sua piccolissima cellula solo nell'Italia meridionale, intorno ad Antonio Salandra.

La guerra e il dopoguerra hanno visto svolgersi una serie di processi molecolari nella classe borghese della piú alta importanza. Salandra e Nitti furono i primi due capi di governo meridionali (per non parlare dei siciliani, naturalmente, come Crispi, che fu il piú energico rappresentante della dittatura borghese del secolo XIX) e cercarono di attuare il piano borghese industrialeagrario meridionale, nel terreno conservatore il Salandra, nel terreno democratico il Nitti (tutt'e due questi capi di governo furono aiutati solidamente dal Corriere della Sera, cioè dall'industria tessile lombarda). Già durante la guerra, il Salandra cercò di spostare a favore del Mezzogiorno le forze tecniche dell'organizzazione statale, cercò di sostituire al personale giolittiano dello Stato, un nuovo personale che incarnasse il nuovo corso politico della borghesia. Voi ricordate la campagna condotta dalla Stampa specialmente nel 191718 per una stretta collaborazione tra giolittiani e socialisti per impedire la «pugliesizzazione» dello Stato: quella campagna fu condotta nella Stampa da Francesco Ciccotti, cioè era di fatto una espressione dell'accordo esistente tra Giolitti e i riformisti. La quistione non era da poco e i giolittiani, nel loro accanimento difensivo, giunsero fino a oltrepassare i limiti consentiti a un partito della grande borghesia, giunsero fino a quelle manifestazioni di antipatriottismo e di disfattismo che sono nella memoria di tutti. Oggi Giolitti è nuovamente al potere, nuovamente la grande borghesia si affida a lui, per il panico che la invade innanzi all'impetuoso movimento delle masse popolari. Giolitti vuole addomesticare gli operai di Torino. Li ha battuti due volte: nello sciopero dell'aprile scorso e nell'occupazione delle fabbriche, tutt'e due le volte con l'aiuto della Confederazione generale del lavoro, cioè del riformismo corporativo. Ritiene ora di poterli inquadrare nel sistema borghese statale. Infatti, che avverrà se le maestranze Fiat accettano le proposte della direzione? Le attuali azioni industriali diventeranno obbligazioni; cioè la cooperativa dovrà pagare ai portatori di obbligazioni un dividendo fisso, qualunque sia il giro degli affari. L'azienda Fiat sarà taglieggiata in tutti i modi dagli istituti di credito, che rimangono in mano ai borghesi, i quali hanno l'interesse a ridurre gli operai alla loro discrezione. Le maestranze necessariamente dovranno legarsi allo Stato, il quale «verrà in aiuto agli operai» attraverso l'opera dei deputati operai, attraverso la subordinazione del partito politico operaio alla politica governativa. Ecco il piano di Giolitti nella sua piena applicazione. Il proletariato torinese non esisterà piú come classe indipendente, ma solo come un'appendice dello Stato borghese. Il corporativismo di classe avrà trionfato, ma il proletariato avrà perduto la sua posizione e il suo ufficio di dirigente e di guida; esso apparirà alle masse degli operai piú poveri come un privilegiato, apparirà ai contadini come uno sfruttatore alla stessa stregua dei borghesi, perché la borghesia, come ha sempre fatto, presenterà alle masse contadine i nuclei operai privilegiati come l'unica causa dei loro mali e della loro miseria. Le maestranze Fiat accettarono quasi all'unanimità il nostro punto di vista e le proposte della direzione furono respinte. Ma questo esperimento non poteva essere sufficiente. Il proletariato torinese, con tutta una serie di azioni, aveva dimostrato di avere raggiunto un altissimo grado di maturità e capacità politica. I tecnici e gli impiegati d'officina, nel 1919, poterono migliorare le condizioni solo perché appoggiati dagli operai. Per stroncare la agitazione dei tecnici, gli industriali proposero agli operai di nominare essi stessi, elettivamente, nuovi capisquadra e capireparto: gli operai respinsero la proposta, quantunque avessero parecchie ragioni di conflitto coi tecnici che erano sempre stati uno strumento padronale di repressione e di persecuzione. Allora i giornali fecero una furiosa campagna per isolare i tecnici, mettendo in vista i loro altissimi salari, che raggiungevano fino le 7.000 lire al mese. Gli operai qualificati aiutarono l'agitazione dei manovali, che solo cosí riuscirono a imporsi: nell'interno delle fabbriche furono spazzati via tutti i privilegi e gli sfruttamenti delle categorie piú qualificate ai danni delle meno qualificate. Attraverso queste azioni l'avanguardia proletaria si guadagnò la sua posizione sociale di avanguardia; è stata questa la base dello sviluppo del partito comunista a Torino. Ma fuori di Torino? Ebbene, noi volemmo di proposito portare la quistione fuori di Torino e precisamente a Reggio Emilia, dove esisteva la maggiore concentrazione di riformismo e di corporativismo di classe.

Reggio Emilia era sempre stato il bersaglio dei «meridionalisti». Una frase di Camillo Prampolini: «L'Italia si divide in nordici e sudici» era come l'espressione piú caratteristica dell'odio violento che tra i meridionali si spargeva contro gli operai del Nord. A Reggio Emilia si presentò una quistione simile a quella della Fiat: una grande officina doveva passare nelle mani degli operai come azienda cooperativa. I riformisti reggiani erano entusiasti dell'avvenimento e lo strombazzavano nei loro giornali e nelle loro riunioni. Un comunista torinese si recò a Reggio, prese la parola nel comizio di fabbrica, espose tutto il complesso della quistione tra Nord e Sud e si ottenne il «miracolo»: gli operai, a grandissima maggioranza, respinsero la tesi riformista e corporativa. Fu dimostrato che i riformisti non rappresentavano lo spirito degli operai reggiani; ne rappresentavano solo la passività e altri lati negativi. Erano riusciti a instaurare un monopolio politico, data la notevole concentrazione nelle loro file di organizzatori e propagandisti d'un certo valore professionale, e quindi a impedire lo sviluppo e l'organizzazione di una corrente rivoluzionaria; ma era bastata la presenza di un rivoluzionario capace per metterli in iscacco e rivelare che gli operai reggiani sono dei valorosi combattenti e non dei porci allevati con la biada governativa.

Nell'aprile 1921, 5.000 operai rivoluzionari furono licenziati dalla Fiat, i Consigli di fabbrica furono aboliti, i salari reali furono abbassati. A Reggio Emilia avvenne probabilmente qualcosa di simile. Gli operai cioè furono battuti. Ma il sacrifizio che essi avevano fatto è restato inutile? Non lo crediamo: siamo anzi sicuri che esso non è stato inutile. È certo difficile registrare tutta una fila di grandi avvenimenti di massa che provino l'efficacia immediata e fulminea di queste azioni. D'altronde, per ciò che riguarda i contadini, queste registrazioni sono sempre difficili e quasi impossibili; sono ancora piú difficili per ciò che riguarda la massa contadina del Mezzogiorno.
Il Mezzogiorno può essere definito una grande disgregazione sociale; i contadini, che costituiscono la grande maggioranza della sua popolazione, non hanno nessuna coesione tra loro. (Si capisce che occorre fare delle eccezioni: le Puglie, la Sardegna, la Sicilia, dove esistono caratteristiche speciali nel grande quadro della struttura meridionale.) La società meridionale è un grande blocco agrario costituito di tre strati sociali: la grande massa contadina amorfa e disgregata, gli intellettuali della piccola e media borghesia rurale, i grandi proprietari terrieri e i grandi intellettuali. I contadini meridionali sono in perpetuo fermento, ma come massa essi sono incapaci di dare una espressione centralizzata alle loro aspirazioni e ai loro bisogni. Lo strato medio degli intellettuali riceve dalla base contadina le impulsioni per la sua attività politica e ideologica. I grandi proprietari nel campo politico e i grandi intellettuali nel campo ideologico centralizzano e dominano, in ultima analisi, tutto questo complesso di manifestazioni. Come è naturale, è nel campo ideologico che la centralizzazione si verifica con maggiore efficacia e precisione. Giustino

Fortunato e Benedetto Croce rappresentano perciò le chiavi di volta del sistema meridionale e, in un certo senso, sono le due piú grandi figure della reazione italiana.

Gli intellettuali meridionali sono uno strato sociale dei piú interessanti e dei piú importanti nella vita nazionale italiana. Basta pensare che piú di 3/5 della burocrazia statale è costituita di meridionali per convincersene. Ora, per comprendere la particolare psicologia degli intellettuali meridionali, occorre tenere presenti alcuni dati di fatto:

1. In ogni paese lo strato degli intellettuali è stato radicalmente modificato dallo sviluppo del capitalismo. Il vecchio tipo dell'intellettuale era l'elemento organizzativo di una società a base contadina e artigiana prevalentemente; per organizzare lo Stato, per organizzare il commercio, la classe dominante allevava un particolare tipo di intellettuale. L'industria ha introdotto un nuovo tipo di intellettuale; l'organizzatore tecnico, lo specialista della scienza applicata. Nelle società, dove le forze economiche si sono sviluppate in senso capitalistico, fino ad assorbire la maggior parte dell'attività nazionale, è questo secondo tipo di intellettuale che ha prevalso, con tutte le sue caratteristiche di ordine e disciplina intellettuale. Nei paesi invece dove l'agricoltura esercita un ruolo ancora notevole o addirittura preponderante, è rimasto in prevalenza il vecchio tipo, che dà la massima parte del personale statale e che anche localmente, nel villaggio e nel borgo rurale, esercita la funzione di intermediario tra il contadino e l'amministrazione in generale. Nell'Italia meridionale predomina questo tipo, con tutte le sue caratteristiche: democratico nella faccia contadina, reazionario nella faccia rivolta verso il grande proprietario e il governo, politicante, corrotto, sleale; non si comprenderebbe la figura tradizionale dei partiti politici meridionali, se non si tenesse conto dei caratteri di questo strato sociale.
2. L'intellettuale meridionale esce prevalentemente da un ceto che nel Mezzogiorno è ancora notevole: il borghese rurale, cioè il piccolo e medio proprietario di terre che non è contadino, che non lavora la terra, che si vergognerebbe di fare l'agricoltore, ma che dalla poca terra che ha, data in affitto o a mezzadria semplice, vuol ricavare: di che vivere convenientemente, di che mandar all'università o in seminario i figlioli, di che far la dote alle figlie che devono sposare un ufficiale o un funzionario civile dello Stato. Da questo ceto gli intellettuali ricevono un'aspra avversione per il contadino lavoratore,

considerato come macchina da lavoro che deve esser smunta fino all'osso e che può essere sostituita facilmente data la superpopolazione lavoratrice: ricavano anche il sentimento atavico e istintivo della folle paura del contadino e delle sue violenze distruggitrici e quindi un abito di ipocrisia raffinata e una raffinatissima arte di ingannare e addomesticare le masse contadine.

3. Poiché al gruppo sociale degli intellettuali appartiene il clero, occorre notare le diversità di caratteristiche tra il clero meridionale nel suo complesso e il clero settentrionale. Il prete settentrionale comunemente è il figlio di un artigiano o di un contadino; ha sentimenti democratici, è piú legato alla massa dei contadini; moralmente è piú corretto del prete meridionale, il quale spesso convive quasi apertamente con una donna, e perciò esercita un ufficio spirituale piú completo socialmente, cioè è un dirigente di tutta l'attività di una famiglia. Nel Settentrione la separazione della Chiesa dallo Stato e la espropriazione dei beni ecclesiastici è stata piú radicale che nel Mezzogiorno, dove le parrocchie e i conventi o hanno conservato o hanno ricostituito notevoli proprietà immobiliari e mobiliari. Nel Mezzogiorno il prete si presenta al contadino: 1) come un amministratore di terre col quale il contadino entra in conflitto per la quistione degli affitti; 2) come un usuraio che domanda elevatissimi tassi di interesse e fa giocare l'elemento religioso per riscuotere sicuramente o l'affitto o l'usura; 3) come un uomo sottoposto alle passioni comuni (donne e danaro) e che pertanto spiritualmente non dà affidamento di discrezione e di imparzialità. La confessione esercita perciò uno scarsissimo ufficio dirigente e il contadino meridionale, se spesso è superstizioso in senso pagano, non è clericale. Tutto questo complesso spiega il perché nel Mezzogiorno il partito popolare (eccettuata qualche zona della Sicilia) non abbia una posizione notevole, non abbia posseduto nessuna rete di istituzioni e di organizzazioni di massa. L'atteggiamento del contadino verso il clero è riassunto nel detto popolare: «Il prete è prete sull'altare; fuori è un uomo come tutti gli altri».

Il contadino meridionale è legato al grande proprietario terriero per il tramite dell'intellettuale. I movimenti dei contadini, in quanto si riassumono non in organizzazioni di massa autonome e indipendenti sia pure formalmente (cioè capaci di selezionare quadri contadini di origine contadina e di registrare e accumulare le differenziazioni e i progressi che nel movimento si realizzano) finiscono col sistemarsi sempre nelle ordinarie articolazioni dell'apparato statale — comuni, province, Camera dei deputati — attraverso composizioni e scomposizioni dei partiti locali, il cui personale è costituito di intellettuali, ma che sono controllati dai grandi proprietari e dai loro uomini di fiducia, come Salandra, Orlando, di Cesarò. La guerra parve introdurre un elemento nuovo in questo tipo di organizzazione col movimento degli ex combattenti, nel quale i contadini-soldati e gli intellettuali-ufficiali formavano un blocco piú unito tra di loro e in una certa misura antagonistico coi grandi proprietari. Non durò a lungo e l'ultimo residuo di esso è l'Unione nazionale concepita da Amendola, che ha una larva di esistenza per il suo antifascismo; tuttavia, data la nessuna tradizione di organizzazione esplicita degli intellettuali democratici nel Mezzogiorno, anche questo aggruppamento deve essere rilevato e tenuto da conto, perché può diventare, da tenuissimo filo d'acqua, un limaccioso e gonfio torrente in mutate condizioni di politica generale. La sola regione dove il movimento degli ex combattenti assunse un profilo piú preciso e riuscí a crearsi una struttura sociale piú solida è la Sardegna. E si capisce: appunto perché in Sardegna la classe dei grandi proprietari terrieri è tenuissima, non svolge nessuna funzione e non ha le antichissime tradizioni culturali, intellettuali e governative del Mezzogiorno continentale. La spinta dal basso, esercitata dalle masse dei contadini e dei pastori non trova un contrappeso soffocante nel superiore strato sociale dei grandi proprietari: gli intellettuali dirigenti subiscono in pieno la spinta e fanno dei passi in avanti piú notevoli che l'Unione nazionale. La situazione siciliana ha caratteri differenziali molto profondi sia dalla Sardegna che dal Mezzogiorno. I grandi proprietari vi sono molto piú coesi e decisi che nel Mezzogiorno continentale; vi esiste inoltre una certa industria e un commercio molto sviluppato (la Sicilia è la piú ricca regione di tutto il Mezzogiorno e una delle piú ricche d'Italia); le classi superiori sentono moltissimo la loro importanza nella vita nazionale e la fanno pesare. La Sicilia e il Piemonte sono le due regioni che hanno dato maggior numero di dirigenti politici allo Stato italiano, sono le due regioni che hanno esercitato un ufficio preminente dal '70 in poi. Le masse popolari siciliane sono piú avanzate che nel Mezzogiorno, ma il loro progresso ha assunto una forma tipicamente siciliana; esiste un socialismo di massa siciliano che ha tutta una tradizione e uno sviluppo peculiare; nella Camera del 1922 esso contava circa 20 deputati su 52 che ne erano eletti nell'isola.

Abbiamo detto che il contadino meridionale è legato al grande proprietario terriero per il tramite dell'intellettuale. Questo tipo di organizzazione è il tipo piú diffuso in tutto il Mezzogiorno continentale e in Sicilia. Esso realizza un mostruoso blocco agrario che nel suo complesso funziona da intermediario e da sorvegliante del capitalismo settentrionale e delle grandi banche. Il suo unico scopo è di conservare lo statu quo. Nel suo interno non esiste nessuna luce intellettuale, nessun programma, nessuna spinta a miglioramenti e progressi. Se qualche idea e qualche programma è stato affermato, essi hanno avuto la loro origine fuori del Mezzogiorno, nei gruppi politici agrari conservatori, specialmente della Toscana, che nel Parlamento erano consorziati ai conservatori del blocco agrario meridionale. Il Sonnino e il Franchetti furono dei pochi borghesi intelligenti che si posero il problema meridionale come problema nazionale e tracciarono un piano di governo per la sua soluzione. Quale fu il punto di vista di Sonnino e Franchetti? La necessità di creare nell'Italia meridionale uno strato medio indipendente di carattere economico che funzionasse, come allora si diceva, da «opinione pubblica» e limitasse i crudeli arbitrii dei proprietari da una parte e moderasse l'insurrezionismo dei contadini poveri dall'altra. Sonnino e Franchetti erano rimasti spaventatissimi della popolarità che avevano nel Mezzogiorno le idee del bakunismo della prima Internazionale. Questo spavento fece loro prendere degli abbagli spesso grotteschi. In una loro pubblicazione, per esempio, si accenna al fatto che una osteria o una trattoria popolare di un paese della Calabria (citiamo a memoria) è intitolata agli «scioperanti», per dimostrare quanto diffuse e radicali fossero le idee internazionalistiche. Il fatto, se vero (come deve essere vero, data la probità intellettuale degli autori), si spiega piú semplicemente, ricordando come nel Mezzogiorno siano numerose le colonie di albanesi e come la parola Skipetàri abbia subíto nei dialetti le deformazioni piú strane e curiose (cosí in alcuni documenti della repubblica veneta si parla di formazioni militari di «S'ciopetà»). Ora nel Mezzogiorno non tanto erano diffuse le teorie del Bakunin, quanto la situazione stessa era tale da aver probabilmente suggerito al Bakunin le sue teorie: certamente i contadini poveri meridionali pensavano allo «sfascio» molto prima che il cervello di Bakunin avesse escogitato la teoria della «pandistruzione».

Il piano governativo di Sonnino e Franchetti non ebbe mai neanche l'inizio di una attuazione. E non poteva averlo. Il nodo di rapporti tra Settentrione e

Mezzogiorno nell'organizzazione dell'economia nazionale e dello Stato, è tale per cui la nascita di una classe media diffusa di natura economica (ciò che significa poi la nascita di una borghesia capitalistica diffusa) è resa quasi impossibile. Ogni accumulazione di capitali sul luogo e ogni accumulazione di risparmi è resa impossibile dal sistema fiscale e doganale e dal fatto che i capitalisti proprietari di aziende non trasformano sul posto il profitto in nuovo capitale perché non sono del posto. Quando l'emigrazione assunse nel secolo XX le forme gigantesche che assunse, e le prime rimesse cominciarono ad affluire dall'America, gli economisti liberali gridarono trionfalmente: Il sogno di Sonnino si avvera. Una silenziosa rivoluzione si verifica nel Mezzogiorno, che lentamente ma sicuramente muterà tutta la struttura economica e sociale del paese. Ma lo Stato intervenne e la rivoluzione silenziosa fu soffocata nel nascere. Il governo offrí dei buoni del tesoro a interesse certo e gli emigranti e le loro famiglie da agenti della rivoluzione silenziosa si mutarono in agenti per dare allo Stato i mezzi finanziari per sussidiare le industrie parassitarie del Nord. Francesco Nitti che, nel piano democratico e formalmente fuori del blocco agrario meridionale, poteva sembrare un fattivo realizzatore del programma di Sonnino, fu invece il miglior agente del capitalismo settentrionale per rastrellare le ultime risorse del risparmio meridionale. I miliardi inghiottiti dalla Banca di sconto erano quasi tutti dovuti al Mezzogiorno: i 400.000 creditori della BIS erano in grandissima maggioranza risparmiatori meridionali.

Al disopra del blocco agrario funziona nel Mezzogiorno un blocco intellettuale che praticamente ha servito finora a impedire che le screpolature del blocco agrario divenissero troppo pericolose e determinassero una frana. Esponenti di questo blocco intellettuale sono Giustino Fortunato e Benedetto Croce, i quali, perciò, possono essere giudicati come i reazionari piú operosi della penisola.

Abbiamo detto che l'Italia meridionale è una grande disgregazione sociale. Questa formula oltre che ai contadini si può riferire anche agli intellettuali. È notevole il fatto che, nel Mezzogiorno, accanto alla grandissima proprietà siano esistite ed esistano grandi accumulazioni culturali e di intelligenza in singoli individui o in ristretti gruppi di grandi intellettuali, mentre non esiste una organizzazione della cultura media. Esiste nel Mezzogiorno la casa editrice

Laterza e la rivista La Critica, esistono accademie e imprese culturali di grandissima erudizione; non esistono piccole e medie riviste, non esistono case editrici intorno a cui si raggruppino formazioni medie di intellettuali meridionali. I meridionali che hanno cercato di uscire dal blocco agrario e di impostare la quistione meridionale in forma radicale hanno trovato ospitalità e si sono raggruppati intorno a riviste stampate fuori del Mezzogiorno. Si può dire anzi che tutte le iniziative culturali dovute agli intellettuali medi che hanno avuto luogo nel XX secolo nell'Italia centrale e settentrionale furono caratterizzate dal meridionalismo, perché fortemente influenzate da intellettuali meridionali: tutte le riviste del gruppo di intellettuali fiorentini, Voce, Unità; le riviste dei democratici cristiani, come l'Azione di Cesena; le riviste dei giovani liberali emiliani e milanesi di G. Borelli, come la Patria di Bologna o l'Azione di Milano; infine la Rivoluzione liberale di Gobetti. Orbene: supremi moderatori politici e intellettuali di tutte queste iniziative sono stati Giustino Fortunato e Benedetto Croce. In una cerchia piú ampia di quella molto soffocante del blocco agrario, essi hanno ottenuto che la impostazione dei problemi meridionali non soverchiasse certi limiti, non diventasse rivoluzionaria. Uomini di grandissima cultura e intelligenza, sorti sul terreno tradizionale del Mezzogiorno ma legati alla cultura europea e quindi mondiale, essi avevano tutte le doti per dare una soddisfazione ai bisogni intellettuali dei piú onesti rappresentanti della gioventù colta del Mezzogiorno, per consolarne le irrequiete velleità di rivolta contro le condizioni esistenti, per indirizzarli secondo una linea media di serenità classica del pensiero e dell'azione. I cosiddetti neoprotestanti o calvinisti non hanno capito che in Italia, non potendoci essere una Riforma religiosa di massa, per le condizioni moderne della civiltà, si è verificata la sola Riforma storicamente possibile con la filosofia di Benedetto Croce: è stato mutato l'indirizzo e il metodo del pensiero, è stata costruita una nuova concezione del mondo che ha superato il cattolicismo e ogni altra religione mitologica. In questo senso Benedetto Croce ha compiuto una altissima funzione «nazionale»; ha distaccato gli intellettuali radicali del Mezzogiorno dalle masse contadine, facendoli partecipare alla cultura nazionale ed europea, e attraverso questa cultura li ha fatti assorbire dalla borghesia nazionale e quindi dal blocco agrario.

L'Ordine Nuovo e i comunisti torinesi, se in un certo senso possono essere collegati alle formazioni intellettuali cui abbiamo accennato e se pertanto hanno anch'essi subito l'influenza intellettuale di Giustino Fortunato e di Benedetto Croce, rappresentano però nello stesso tempo una rottura completa con quella tradizione e l'inizio di un nuovo svolgimento, che ha già dato dei frutti e che ancora ne darà. Essi, come è stato già detto, hanno posto il proletariato urbano come protagonista moderno della storia italiana e quindi della quistione meridionale. Avendo servito da intermediari tra il proletariato e determinati strati di intellettuali di sinistra, sono riusciti a modificare, se non completamente, certo notevolmente l'indirizzo mentale di essi. È questo l'elemento principale della figura di Piero Gobetti, se ben si riflette. Il quale non era un comunista e probabilmente non lo sarebbe mai diventato, ma aveva capito la posizione sociale e storica del proletariato e non riusciva piú a pensare astraendo da questo elemento. Gobetti, nel lavoro comune del giornale, era stato da noi posto a contatto con un mondo vivente che aveva prima conosciuto solo attraverso le formule dei libri. La sua caratteristica piú rilevante era la lealtà intellettuale e l'assenza completa di ogni vanità e piccineria di ordine inferiore: perciò non poteva non convincersi come tutta una serie di modi di vedere e di pensare tradizionali verso il proletariato erano falsi e ingiusti. Quale conseguenza ebbero in Gobetti questi contatti col mondo proletario? Essi furono l'origine e l'impulso per una concezione che non vogliamo discutere e approfondire, una concezione che in gran parte si riattacca al sindacalismo e al modo di pensare dei sindacalisti intellettuali: i principi del liberalismo vengono in essa proiettati dall'ordine dei fenomeni individuali a quello dei fenomeni di massa. Le qualità di eccellenza e di prestigio nella vita degli individui vengono trasportate nelle classi, concepite quasi come individualità collettive. Questa concezione di solito porta negli intellettuali che la condividono alla pura contemplazione e registrazione dei meriti e dei demeriti, a una posizione odiosa e melensa di arbitri tra le contese, di assegnatori dei premi e delle punizioni. Praticamente il Gobetti sfuggí a questo destino. Egli si rivelò un organizzatore della cultura di straordinario valore ed ebbe in questo ultimo periodo una funzione che non deve essere né trascurata né sottovalutata dagli operai. Egli scavò una trincea oltre la quale non arretrarono quei gruppi di intellettuali piú onesti e sinceri che nel 19192021 sentirono che il proletariato come classe dirigente sarebbe stato superiore alla borghesia. Alcuni in buona fede e onestamente, altri in cattivissima fede e disonestamente andarono ripetendo che il Gobetti era nient'altro che un comunista camuffato, un agente, se non del partito comunista, per lo meno del gruppo comunista dell'Ordine Nuovo. Non occorre neanche smentire tali insulse dicerie. La figura del Gobetti e il movimento da lui rappresentato furono spontanee produzioni del nuovo clima storico italiano: in ciò è il loro significato e la loro importanza. Ci è stato qualche volta rimproverato da compagni di partito di non aver combattuto contro la corrente di idee di Rivoluzione liberale: questa assenza di lotta anzi sembrò la prova del collegamento organico, di carattere machiavellico (come si suol dire) tra noi e il Gobetti. Non potevamo combattere contro Gobetti perché egli svolgeva e rappresentava un movimento che non deve essere combattuto, almeno in linea di principio. Non comprendere ciò significa non comprendere la quistione degli intellettuali e la funzione che essi svolgono nella lotta delle classi. Gobetti praticamente ci serviva di collegamento: 1. Con gli intellettuali nati sul terreno della tecnica capitalistica che avevano assunto una posizione di sinistra, favorevole alla dittatura del proletariato, nel 191920. 2. Con una serie di intellettuali meridionali che, per collegamenti piú complessi, ponevano la quistione meridionale su un terreno diverso da quello tradizionale, introducendovi il proletariato del Nord: di questi intellettuali Guido Dorso è la figura piú completa e interessante. Perché avremmo dovuto lottare contro il movimento di Rivoluzione liberale? Forse perché esso non era costituito di comunisti puri che avessero accettato dall'A alla Z il nostro programma e la nostra dottrina? Questo non poteva essere domandato perché sarebbe stato politicamente e storicamente un paradosso. Gli intellettuali si sviluppano lentamente, molto piú lentamente di qualsiasi altro gruppo sociale, per la stessa loro natura e funzione storica. Essi rappresentano tutta la tradizione culturale di un popolo, vogliono riassumerne e sintetizzarne tutta la storia: ciò sia detto specialmente del vecchio tipo di intellettuale, dell'intellettuale nato sul terreno contadino. Pensare possibile che esso possa, come massa, rompere con tutto il passato per porsi completamente nel terreno di una nuova ideologia, è assurdo. È assurdo per gli intellettuali come massa, e forse assurdo anche per moltissimi intellettuali presi individualmente, nonostante tutti gli onesti sforzi che essi fanno e vogliono fare. Ora a noi interessano gli intellettuali come massa, e non solo come individui. È certo importante e utile per il proletariato che uno o piú intellettuali, individualmente, aderiscano al suo programma e alla sua dottrina, si confondano nel proletariato, ne diventino e se ne sentano parte integrante. Il proletariato, come classe, è povero di elementi organizzativi, non ha e non può formarsi un proprio strato di intellettuali che molto lentamente, molto faticosamente e solo dopo la conquista del potere statale. Ma è anche importante e utile che nella massa degli intellettuali si determini una frattura di carattere organico, storicamente caratterizzata: che si formi, come formazione di massa, una tendenza di sinistra, nel significato moderno della parola, cioè orientata verso il proletariato rivoluzionario. L'alleanza tra proletariato e masse contadine esige questa formazione: tanto piú l'esige l'alleanza tra il proletariato e le masse contadine del Mezzogiorno. Il proletariato distruggerà il blocco agrario meridionale nella misura in cui riuscirà, attraverso il suo partito, ad organizzare in formazioni autonome e indipendenti sempre piú notevoli masse di contadini poveri; ma riuscirà in misura piú o meno larga in tale suo compito obbligatorio anche subordinatamente alla sua capacità di disgregare il blocco intellettuale che è l'armatura flessibile ma resistentissima del blocco agrario. Per la soluzione di questo compito il proletariato è stato aiutato da Piero Gobetti e noi pensiamo che gli amici del morto continueranno, anche senza la sua guida, l'opera intrapresa che è gigantesca e difficile, ma appunto perciò degna di tutti i sacrifizi (anche della vita, come è stato nel caso del Gobetti) da parte di quegli intellettuali (e sono molti, piú di quanto si creda) settentrionali e meridionali che hanno compreso essere essenzialmente nazionali e portatrici dell'avvenire due sole forze sociali: il proletariato e i contadini...

[Qui si interrompe il manoscritto].